全民健身时代体育产业发展研究

王立诺 著

中国财经出版传媒集团
中国财政经济出版社

图书在版编目（CIP）数据

全民健身时代体育产业发展研究 / 王立诺著. --北京：中国财政经济出版社，2022.12

ISBN 978-7-5223-1749-6

Ⅰ. ①全… Ⅱ. ①王… Ⅲ. ①体育产业-产业发展-研究-中国 Ⅳ. ①G812

中国版本图书馆 CIP 数据核字（2022）第 253829 号

责任编辑：李筱文　　责任校对：张　凡
封面设计：卜建辰　　责任印制：党　辉

全民健身时代体育产业发展研究
QUANMIN JIANSHEN SHIDAI TIYU CHANYE FAZHAN YANJIU

中国财政经济出版社 出版

URL：http：//www.cfeph.cn
E-mail：cfeph@cfeph.cn

社址：北京市海淀区阜成路甲 28 号　邮政编码：100142
营销中心电话：010-88191522
天猫网店：中国财政经济出版社旗舰店
网址：https：//zgczjjcbs.tmall.com
北京财经印刷厂印刷　各地新华书店经销
成品尺寸：170mm×240mm　16 开　13.5 印张　200 000 字
2022 年 12 月第 1 版　2022 年 12 月北京第 1 次印刷
定价：66.00 元
ISBN 978-7-5223-1749-6
（图书出现印装问题，本社负责调换，电话：010-88190548）
本社质量投诉电话：010-88190744
打击盗版举报热线：010-88191661　QQ：2242791300

前　言

体育是提高人民健康水平的重要途径，是满足人民群众对美好生活向往、促进人的全面发展的重要手段，是促进经济社会发展的重要动力，是展示国家文化软实力的重要平台。

党的十八大以来，以习近平同志为核心的党中央站在国家强盛、民族复兴的战略全局，高度重视体育工作，谋划推动体育事业改革发展，将全民健身上升为国家战略，推动全民健身和全民健康深度融合。党的十九大明确提出“广泛开展全民健身活动，加快推进体育强国建设”的目标；《中华人民共和国国民经济和社会发展第十四个五年规划和2035年远景目标纲要》明确提出，到2035年建成体育强国、健康中国的目标。体育强国建设有了明确的路线图和时间表。在此背景下，人民希望通过体育运动获得健康的欲望越来越强烈，体育产业迎来前所未有的发展机遇，规模不断扩大，结构持续优化，主体持续壮大，体系日趋完善。

体育产业是朝阳产业，加快体育产业发展，是培育经济发展新动能、促进经济高质量发展的重要手段。2019年，国务院办公厅印发《体育强国建设纲要》（国内发〔2019〕40号），提出到2035年体育产业成为国民经济支柱性产业。发展体育产业，是提高人民健康水平、满足美好人民生活的重要途径，是推动消费提质扩容、深化供给侧结构性改革的强大动力。因新冠肺炎疫情一度给体育产业发展带来困扰，体育产业从业者通过各种方式探索新的发展之路。以非接触性聚集性、管理活动为主的体育服务业增加值保持增长，体育产业发展的内在动力依旧强劲。

近年来，我国经济已由高速增长阶段转向高质量发展阶段，在这一背景下，体育产业面临发展动力转换的问题。为完善体育产业发展动力理论，推进体育产业发展由传统要素驱动转向创新驱动，本书从全民健身视角出发，深入研究体育产业发展规律，通过系统调查和质性研究，构建体育产业高质量发展动力体系。全书共十二章：第一章阐述了全民健身与体育产业基础知识；第二章至第十二章依据最新的体育产业分类表，深入探讨了全民健身时代各类体育产业的发展成绩与发展方向。在全民健身背景下，我们建议，各类体育产业主体将“实现全民健康”作为发展目标。

由于水平、时间和精力有限，书中难免会有不足、不妥之处，在此，恳请广大专家、读者对书中存在的疏漏和不足给予指正，以便将来对本书进行补充修改，使之进一步完善。

王立诺

2022 年 8 月

目　　录

第一章　全民健身与体育产业　/ 1

第一节　全民健身　/ 3

第二节　体育产业　/ 7

第三节　全民健身时代体育产业发展机遇　/ 14

第二章　全民健身时代体育管理活动发展　/ 17

第一节　体育协会进社区推动全民健身事业发展　/ 19

第二节　体育协会自办赛事推动全民健身事业发展　/ 23

第三节　社会体育指导员协会推动全民健身事业发展　/ 25

第三章　全民健身时代体育竞赛表演活动发展　/ 29

第一节　全民健身线上运动会推动全民健身事业发展　/ 31

第二节　全民健身主题示范活动推动全民健身事业发展　/ 35

第三节　社区、农村运动会助推全民健身事业发展　/ 39

第四章　全民健身时代体育健身休闲活动发展　/ 45

第一节　云健身推动全民健身事业发展　/ 47

第二节　群众体育文化活动推动全民健身事业发展　/ 51

第三节　青少年体育文化活动推动全民健身事业发展　/ 54

第五章　全民健身时代体育场馆服务发展　/ 59

第一节　城市大型体育场馆建设推动全民健身事业发展　/ 61

第二节　体育场馆惠民措施推动全民健身事业发展　/ 67

第三节 农村公共体育场地建设推动全民健身事业发展 / 69

第六章 全民健身时代体育中介服务发展 / 77

第一节 全民健身公益广告推动全民健身事业发展 / 79

第二节 社区体育服务站推动全民健身事业发展 / 84

第三节 体育票务平台发展推动全民健身事业发展 / 87

第七章 全民健身时代体育教育与培训服务发展 / 91

第一节 学校体育教育推动全民健身事业发展 / 93

第二节 社会体育培训机构推动全民健身事业发展 / 104

第八章 全民健身时代体育传媒与信息服务发展 / 109

第一节 体育出版物出版服务 / 111

第二节 互联网体育服务 / 116

第三节 其他体育信息服务 / 126

第九章 全民健身时代其他与体育相关服务发展 / 133

第一节 体育旅游活动 / 135

第二节 体育健康服务 / 144

第三节 体育彩票服务 / 149

第十章 全民健身时代体育用品与相关产品制造发展 / 157

第一节 城市体育用品及相关产品制造发展 / 159

第二节 农村体育用品及相关产品制造发展 / 161

第十一章 全民健身时代体育产品营销与贸易代理 / 167

第一节 全民健身时代体育产品的营销 / 169

第二节 全民健身时代体育产品的贸易代理 / 174

第十二章　全民健身时代体育场地设施建设发展　/ 181

第一节　体育场地设施　/ 183

第二节　“十三五”期间我国城市体育场地设施建设　/ 190

第三节　全民健身时代体育场地设施发展策略与趋势　/ 197

参考文献　/ 203

第一章

全民健身与体育产业

第一节 全民健身

一、全民健身的概念

什么是“全民健身”?“全民健身”的概念如何界定?

国务院于1995年实施的《全民健身计划纲要》首先就明确指出:“为了更广泛地开展群众性体育活动,增强人民体质,推动我国社会主义现代化建设事业发展,特制定本纲要。”这里有三个关键词:群众性体育活动、人民体质、社会主义现代化建设事业,从这里我们可以看出,全民健身的主体、内容和目的。

《全民健身计划纲要》中明确指出:“全民健身计划的实施对象是全体国民。”所谓全民是指包含十几亿具有中国国籍的国民,地无分南北东西,人无分老幼男女,甚至包括旅居国外的侨民。所谓健身,就是增强和维护人的身体健康。不少学者从对象和方法上来给“全民健身”下定义,全民健身是指全体人民为了增强体质,采取不同的手段、方法,达到健身的目的①。董新光在《全民健身大视野》一书中写道:“全民健身”这个词汇对于中国,已经不仅仅是一个词语,它已经成为社会主义建设的一项事业和亿万人民的体育实践,已经成为20世纪末期体育的热点和独具特色的社会现象。人们所使用的“全民健身”的含义,已经不仅仅是全国人民来健身的字面意义了,它已经成为“全民健身计划”“全民健身事业”“全民健身战略”“全民健身工程”“全民健身工作”等的代名词。

我国全民健身的功能和作用已经不仅局限于强身健体,它所倡导的积极向上、团结合作、崇尚规则、公平竞争、人与自然和谐共生的精神与和

---

① 李良明. 全民健身规划与管理[M]. 重庆:重庆出版社,2019.

谐社会的理念是完全一致的。所以，要深入研究和思考在以人为本、加快发展社会事业、全面改善人民生活中，如何更好地发挥全民健身的综合功能和作用，使全民健身不仅成为身体运动，更要成为一种生活方式，一种促进人的全面进步和发展的巨大动力，一个推动社会和谐、邻里和顺、家庭和睦的有效手段。

因此，“全民健身”已经被演化、延伸为“中国特色的大众体育”的含义，内容包括全民健身活动的法律法规、全民健身活动的组织、全民健身活动设施与资源开发、全民健身活动分类与基本内容、中国社会体育指导员、市民健身、农民健身、学生健身、特殊人群健身、全民健身效果评价以及全民健身的国际借鉴等。

二、全民健身的特征

（一）全民性和公益性

以人为本，以全国国民为服务对象，竭诚为大众服务，惠及十几亿人口，保障公民平等参加体育活动的权利，让全体国民享受到体育带来的乐趣，人人都能够享有体育，而不是只惠及一部分人，体现了全民性。同时，全民健身也体现了全民参与的社会性。全民健身活动不仅在于人人都有参与的权力，也有社会道德和公共规则的约束。

群众性体育事业属于公益性事业，所谓公益就是指公共的利益，而公共则是指属于社会公众的，全民健身事业作为一项公益性的社会事业，在社会主义市场经济体制下的发展，并不是要求国家大包大揽，成为完全福利性事业，而是要求政府、社会、公民各自承担相应的责任。

（二）多元性与灵活性

一是服务对象的多元性和灵活性。全体健身服务体系面向全体国民，包括少儿、青年、中年、老年，不同阶层、不同文化程度、不同职业的各种人群。因此，全民健身活动应该针对不同的对象服务不同人群。

二是投资主体的多元性和灵活性。实施全民健身计划，需要必要的资金投入保障。《全民健身计划纲要》提出：“体育部门要改善资金支出结构，逐步增加群众体育事业费用在预算中的支出比重，鼓励企事业单位、社会团体、个人资助体育健身活动。”这是一种政府拨款、社会筹集和个人投入相结合的多元化资金投入格局。随着我国社会经济的快速发展，投资主体的多元性和吸收资金的方式也愈加灵活。

三是工作方式的多元性和灵活性。伴随着全民健身活动的不断深化，政府组织、社团组织、单位组织、社区组织以及民间健身俱乐部组织构成了一个多元的工作体系和工作方式。在体育组织中，政府体育机构、体育社会团体、社会体育指导中心、群众健身辅导站、各种健身项目俱乐部都在发挥各自的功能和作用。

（三）健身性和娱乐性

健身性和娱乐性是群众体育的本质追求。群众体育的健身性是指经常参加体育活动，有利于人们促进健康、增强体质、发展体能、保持活力的作用。群众体育的娱乐性是指人们在体育活动中可以抒情养心、松弛心灵、振奋精神。群众体育的健身性和娱乐性是相辅相成的，健全的精神寓于健全的身体之中，身体乃精神之载体。亿万群众作为参与群众体育的主体，在自愿、自主的基础上，通过直接的身体活动，达到愉悦身心、强身健体、陶冶情操、人际交流的目的。

三、全民健身的作用

（一）促进社会发展的作用

社会发展从本质上讲是人的全面发展。我国全民健身事业是社会发展总体内容的有机组成部分。21 世纪以来，我国社会发展进入了小康阶段，但因病致贫、因亚健康引起的各种问题仍然存在。随着机械化、电气化和自动化程度的提高、现代化交通工具的普及，以及信息技术的发展，人们从事各种体力劳动的机会和时间大大减少；随着家务劳动社会化和家用电器的普遍使用，人们用于家务劳动的时间也大大缩短；随着社会竞争加剧，生活节奏加快，使人们常常处在紧张状态之中，精神压力过大，种种情况使得各种“文明病”滋生蔓延，困扰着人们的生活。在这种情况下，全民范围内的运动健身悄然兴起。大量的科学研究和实践表明，体育运动是防止现代文明病的有效手段，正如原国际运动医学联合会主席普罗科普所说：机械化和自动化越来越多地夺去了人们的体力活动机会，由于缺乏运动，人体机能就会逐渐消退，适当的体育活动是预防“文明病”的最好方法[①]。体育与科技、教育、文化、卫生共同在经济和社会发展中起到了推动社会良性运行的作用，而全民健身是体育的“助推器”。因此，全民健身在加速体育事业发展的同时，促进了社会的良性运行。

（二）促进社会主义精神文明建设的作用

全民健身在一定意义上可以起到化解、缓和社会矛盾，维护社会稳定的作用。人类社会的文明，包括物质文明、精神文明、政治文明和制度文明。其中精神文明表现为人类精神活动的进步状态，反映人类精神生活和精神财富的成果。现代社会竞争激烈、人们精神压力很大，如果不及时释放压力，就会产生心理问题，甚至引发社会矛盾。而全民健身作为社会的“安全阀”可以起到缓解、宣泄、减少利益冲突带来的社会动荡和各种矛盾的作用，广泛开展全民健身活动，不仅可以解决此类社会问题，还可以使其得到健康美、形态美、道德美的文化陶冶，养成合理的生活方式，营造一种积极向上、健康活泼的文化氛围，以此促进社会主义精神文明建设。同时，全民健身在营造人与人、人与社会、人与自然之间的和谐氛围也具有十分重要的地位和作用。全民健身活动是人的一种积极生活的活动，在活动或竞赛中，一般都有公认的规则和道德标准。在健身活动中，每个人可扮演不同的社会“角色”，在公认的规则和道德标准下，体会竞争、集体的归属感和服从感，使人与人之间在一定规则约束下形成良好人际关系。

（三）对促进体育经济和产业发展的作用

体育产业是指为社会提供体育产品的同一类经济活动的集合以及同类经济部门的总和。全民健身能为体育产业创造巨大的体育消费群体，目前城市社区化和农村城镇化进一步培养和发展体育市场。有关资料显示，从现在到21世纪中叶，我国社会将实现由第二步发展战略向第三步发展战略

① 赵新世．全民健身体系及其实现路径研究［M］．北京：中国水利水电出版社，2019.

的转变，即由小康社会向中等发达国家过渡。人民对物质消费的要求逐渐减弱，而对服务业和消费品，即与人民健康生活息息相关的行业的需求逐年上升。人们对健康的需求和对生活质量的需求是无限制的，因此，人们对体育消费要求也是无限制的，由此将带来体育健身、体育娱乐、体育康复、体育表演、体育广告市场、体育彩票等巨大的体育消费市场，全民健身将大大推动体育产业发展。全民健身还可以带动相关服务行业的发展，如旅游、商业、交通、新闻出版等，从而促进国民生产总值的提高，最终以此来获得经济收入。

（四）对我国国民健康观的作用

由于中国人生活方式的转变发生得十分突然，使我们在很多方面缺乏足够的思想准备，也给社会体育提出新的问题。钟南山院士指出，体质健康与身体健康是两个概念。所谓身体健康，是指身体各器官都没有病痛，而体质是指人的有机体在机能和形态上相对稳定的特征。体质包括体格、体能和适应能力等几个方面。其中，体格包括人体生长发育的水平和体型等；体能包括力量、速度、灵敏、柔韧、耐力等身体素质；适应能力则包括对外界环境的适应力和对疾病的抵抗力。

全民健身活动在国民生活方式转变的过程中，促进了城乡居民的健康观、健身观的重大变化，越来越多的人把健康问题放在了价值观的首位，把通过运动健身的手段获取健康看得越来越重要，这也给我国全民健身活动的发展提供了良好的思想基础。

第二节　体育产业

一、体育产业的概念

（一）定义

广义的体育产业是指与体育运动相关的一切生产经营活动，包括体育物质产品和体育服务产品的生产、经营两大部分。

狭义的体育产业是指体育事业中能进入市场并且能带来盈利的一部分，强调了体育产业的可操作性。

（二）相关概念

1. 体育产品。体育产品有广义和狭义之分。广义的体育产品是开展体育活动最基本的物质和服务；狭义的体育产品指体育用品，是从事体育活动的物质商品。

体育产品是商品的一种，具有和一般商品一样的特征和属性，除此之外，它还具有以下特殊内涵：

（1）体育属性。体育产品是人们从事体育健身、体育竞技运动、体育休闲娱乐等的基本物质条件和服务，与体育密切相关。

（2）专业性。体育产品与体育运动项目、运动技术的发挥等密切相关。

（3）高消费属性。从体育产品所在产品类别来看，体育产品属于消费品范畴。

2. 体育市场。体育市场是人们进行体育商品和体育劳务教育的场所及其形成的有机联系。

一个完整的体育市场必然包括以下四个要素：

（1）体育市场主体。是指体育商品和劳务买卖交易的双方，即体育市场的供给者和需求者，如运动员、企业、俱乐部等。体育市场主体对体育市场具有决定性作用，具体表现在：①体育市场主体数目的多少决定了体育市场规模的大小；②体育市场主体规模的大小与体育市场竞争的激烈程度呈正相关关系；③体育市场主体的多样性既决定了市场的广度，又决定了体育市场的深度和弹性。市场主体缺乏多元性，会导致垄断的产生。

（2）体育市场客体。即市场主体的交易对象，是体育市场中的各类商品、标物。体育实物产品，如体育器具、器材。体育服务产品，专指体育服务，包括场馆服务、赛事转播服务、中介服务等。在体育市场中，体育市场的主体与体育市场的客体两者之间共同构成了体育市场交易活动中的两个重要构成要素，再加上体育消费者，三者就有形成体育交易的可能。

（3）体育市场媒体。媒体，即“中间人”，其从事体育中介服务。体育市场媒体的出现使体育市场经济活动的完成过程更加快捷和便利。在体育市场中，最常见的体育市场媒体就是体育经纪人和中介机构。在体育市场中，经纪人和经纪机构的出现是体育产业发展成熟的一个重要标志，也是体育市场发展的必然趋势。

（4）体育市场的价格。在体育市场中，只要存在交易，都会涉及价格问题，体育市场的主体双方（或者委托媒体）针对市场客体这一标的物进行谈判和交易，最终确定的交易标价便是体育商品的交易价格[①]。在体育市场中，价格的形成有自由定价、公共定价、管制价格三种情形。

二、体育产业的内容与类别

（一）内容

体育产业是一个综合性的产业，可以满足人们对体育的多样化需求，体育产业覆盖面广、内容丰富，从产业组织与经营集合来看，体育产业包括以下四个方面的内容：

1. 体育本体产业。体育本体产业是体育的核心产业构成，是体育活动的直接相关产业，包括体育培训业、竞赛业、表演业等。

2. 体育相关产业。体育相关产业，是在体育活动直接活动的基础上衍生出来的与其他相关产业的“合成”产业，如体育用品制造业、广告业、广播业等。

3. 体育延伸产业。体育延伸产业是对体育产业的本体体育活动的一种商业化延伸，突显出体育活动本身所具有的商业价值。这些产业的存在主要是运行体育资本，如体育保险、体育经纪、体育彩票等。

4. 体育边缘产业。体育边缘产业，是为了促进体育产业的发展，为体育产业提供必要的支持产业。这种支持可以确保体育其他核心和主导产业更加快速地发展，是一种为体育产业的发展提供服务保障的产业，包括饮

---

① 白震，袁书立，张华岳．体育产业发展：新的机遇与挑战［M］．长春：吉林人民出版社，2021.

食、住宿、交通等方面。

（二）类别

在体育产业的分类上，国内外体育专家所持有的观点存在着一定的差异性，下面就对此进行详细的分析和阐述。

1. 国外体育专家对体育产业的分类。国外体育专家及学者关于体育产业分类的观点主要集中在以下三个方面，分为三个模式：

（1）皮兹模式。皮兹模式是由学者皮兹于1994年提出的，这一模式把体育产业分为体育表演、体育生产、体育推广三类。

（2）米克模式。米克模式是由米克于1997年提出的，这一模式把体育产业分为体育娱乐、体育产品、体育支持性组织三个部分。

（3）苏珊模式。苏珊模式是由苏珊于2001年提出的，这一模式将体育产业划分为体育生产和体育支持两大类，其中体育支持类还可以扩展为政府内相关的体育机构、各级种类的体育协会、体育管理公司、体育媒体、体育用品的制造和销售、体育设施的建设与运营六个种类。

总体来看，国外体育专家及学者对体育产业的分类是在当代西方社会经济条件下体育产业的生存和运作方式的基础上进行的。在西方发达国家，体育产业的发展时间较早，体育产业被普遍认知为向市场提供体育娱乐产品的行业。基于此，国外体育学者及专家对体育产业的分类基本上是按照体育娱乐产品的生产、营销、组织管理的业务流程的细分。他们对体育产业分类的思路基本相同，就是以体育娱乐产品的生产与管理流程为依据来进行分类，在这一前提下，体育产业系统主要分为三个部分，即体育生产子系统、体育营销子系统和体育支持保障子系统。

另外，体育产业链上下游的关系也可以作为一种划分标准来进行分类，按照这一划分标准，能够将体育产业划分为上游产业、中游产业和下游产业。其中，上游产业是指体育产业的原产业，主要反映体育产业的原生态，包括健身娱乐业和竞赛表演业；中游产业是指间接为健身娱乐业和竞赛表演业服务的支持性产业，包括体育器材、体育服装、体育鞋帽、体育媒体、体育中介、体育培训、体育场馆运营、体育保健康复等；下游产业是指间接为上游和中游产业服务的相关产业，缺少下游产业并不会对原产业的生存和运作产生影响，包括体育食品、体育饮料、体育旅游、体育建筑、体育博彩、体育房地产等。

依据体育产业链上下游关系的划分标准，是与体育产业发展特点相符的，它主要对体育产业是以体育活动为原点的生产、经营以及开发的产业链进行阐述；同时，也将体育产业与一般产业之间的关系表明出来，将体育产业自身的特点突显出来。

在现代市场经济条件下，体育产业的发展和革新的速度是非常快的。例如，群众体育中的体育活动因组织方式的变革而产生了健身娱乐业；竞技体育中的体育活动因竞赛组织的商业化和职业化的发展而产生了竞赛表演业。围绕这两个主业，经过不断的变革与发展又产生了一系列衍生性的产业。在新时期我国体育产业发展的过程中，必须要将群众体育和竞技体育的发展作为重中之重，因为这两个主业是整个体育产业发展的源头，只有上游产业做好了，中游和下游产业才能得到更好的发展。

2. 国内体育专家对体育产业的分类。国家体育总局颁发的《体育产业发展纲要》（以下简称《纲要》）中也对体育产业进行了类型的划分。具体来说，就是将体育产业主要划分为体育主体产业、体育相关产业和体办产业等，这一划分方法是国内关于体育产业最为权威的划分方法。

（1）体育主体产业。体育主体产业是指由体育部门管理、能发挥体育自身价值和功能的、提供体育服务为主的体育产业经营活动。体育主体产业主要包括竞技体育产业、体育教育科技产业、群众体育产业、体育彩票和体育赞助等。

（2）体育相关产业。体育相关产业是指与体育有关的其他产业的生产和经营活动，如体育场地、体育器材、体育服装、体育食品、体育饮料、体育广告和传媒经营与管理等。

（3）体办产业。体办产业是指体育部门为创收和补助体育事业的发展而开展的、体育主体产业以外的生产经营活动。

体育商品不同的性质是《纲要》对体育产业进行类型划分的重要依据。这一划分标准可以将体育产业分为两大类：一类可以分为竞赛表演、健身娱乐、体育媒体、体育旅游、体育培训、体育博彩、体育中介、体育康复保健等的体育服务业；另一类可以分为体育器材、体育服装、体育鞋帽、体育食品、体育饮料、体育建筑等的体育配套业。

三、体育产业的属性与特征

（一）属性

体育产业是在现代市场经济条件下形成的一种产业形态，可以说，体育产业是体育运动由原来自给自足的自为模式向组织化、生产化、消费化和盈利化的产业运营模式转变的产物。体育产业是在市场经济条件下，体育活动组织专门化、参与消费化、运作营利化孕育的新型产业形态[①]。它的外显形式是体育商品的不断涌现，以及体育经营企业的不断扩张。但是判断体育产业属性的关键在于其价值内核，因为价值内核对体育产业的存在与发展产生了重要的决定性作用，如果体育产业没有了价值内核，则体育产业将不复存在。由此可以判定体育产业的基本属性只能是隶属于第三产业的现代娱乐业。

另外，在体育相关产业中，体育服装、鞋帽、器材、食品、饮料等大量的实物性商品也存在着，这些是否属于体育产业，要通过体育产业的概念来判定。首先，体育服装、器材等实物性产品都是围绕体育活动而开展的，两者有着明显的主副关系。体育物质产品的生产经营作为主业配套而存在，并不构成对体育产业本质的否定；其次，世界上所有的国家都将体育服装、器材等的生产和经营排除在体育产业之外，这已经形成了一个共识。很多国外学者认为，判定体育服装、器材等实物产品是否属于体育产业的关键在于使用此种产品的意图和此种产品的最终市场。社会大众使用体育服装、器材等实物性产品的根本意图是进行体育活动，而这些产品最终的市场也属于体育消费市场。由此可以得知，应该将这些体育实物产品归为体育产业一类。

从上述内容中可以得知，在认识与了解体育产业的基本属性时，要本

---

① 徐金庆．体育产业市场建设及其竞争力研究［M］．北京：中国书籍出版社，2020.

着透过现象看本质的原则进行。不仅要坚持质的规定性，即坚持娱乐业是体育产业的基本属性；还要坚持体育产业上下游之间的天然联系，不能把体育产业只限定在只提供体育服务产品的一维空间。只有这样，才能对体育产业的本质属性有更加深入的了解和认识。

（二）特征

体育产业有着较为显著的特征，而对于世界体育产业和我国体育产业来说，两者的特征是有差别的。下面就分别对世界体育产业和我国体育产业的特征分别进行分析和阐述。

1. 世界体育产业的特征。世界体育产业的显著特征，主要表现在以下几个方面：

（1）商业化程度较高。目前，体育产业进入了一个快速发展的阶段，体育产业渗透进社会生活的各个方面、各个行业之中。而体育产业的高度商业化是其发展的主要特征之一。以美国男子职业篮球联赛（NBA）职业篮球联赛为例，NBA 是迄今为止最成功的体育经济产品之一。NBA 利用多年积累下来的完善的市场运作、成熟的商业理念、全方位的产品包装等方式将其商业帝国成功地推向了全世界。

（2）有着广泛的影响力。随着现代“文明病”的不断肆虐，人们对体质健康提出了更高的要求，在业余时间大多数人倾向于参加各种各样的健身运动。由于人们可以在体育运动中获得健康并体验到乐趣，因此世界体育人口的数量呈现出不断增长的趋势。现代体育产业的魅力巨大，尤其体现在商业价值上，它吸引着众多的公司以体育赞助和广告的形式参与到体育产业中来，影响力非常广泛。

（3）有着较高的产业产值。随着现代社会的不断发展，经济水平也上升到了一个新的高度。随着人们体育活动需求的不断增长，体育产业的产值也在不断地提高。体育产业消耗能源少，环境污染少，符合转变经济增长方式的要求，是一个可以长期可持续发展的产业。

（4）从业人数较多。由于体育产业有着较为广泛的影响，因此，这就促使体育产业成为就业的重要途径，也在一定程度上解决了就业难的问题，因此具有促进就业的特征。伴随着体育运动的社会化、职业化、商业化，体育产业的国际化程度正在不断加强，体育产业必将在扩大内需、吸纳就业等方面，在国民经济发展中发挥巨大的推动作用。

2. 我国体育产业的特征。相较于西方国家的政治体制来说，我国是具有中国特色的社会主义国家，因此，我国体育产业的特点与西方国家体育产业的特点也存在着一定的差异性。我国的体育产业具有体育事业和体育产业之分。具体来说，体现在以下三个方面：

（1）属性和特点的差异性。体育事业更注重社会效益，具有公益性和福利性，满足社会精神文明的需求是其主要任务。体育产业对经济效益更为注重，具有商业性质，谋求获利则是其主要目的所在。

（2）资金来源方面的差异性。我国现行的财税政策表现为：财政上，事业单位所需资金是由国家财政拨款，企业所需资金通过自筹或由银行贷款；税收方面，事业单位不交税，企业则交税。

（3）经济性质方面的差异性。事业经济的性质是产品经济，主要是靠行政指令来运行，在其运行机制中，以福利、公益和社会效益为主。产业经济的性质是商品经济，主要是靠市场调节来运行，其运行机制要求以经营为主，并在提高社会效益的基础上不断提高经济效益。

第三节　全民健身时代体育产业发展机遇

一、全民健身背景下体育产业获得强大的政策利好

2019 年国务院办公厅印发《关于促进全民健身和体育消费推动体育产业高质量发展的意见》，提出要推动体育产业逐步成为国民经济支柱性产业，强化体育产业的要素保障。文件精准把握产业发展规律，为各行各业优势资源进入体育产业以及激发体育产业内在活力发出了积极信号。伴随着国家全民健身的战略部署，我国自上到下的体育职能部门对体育产业的

认识高度不断提升，体育产业发展政策的导向也不断打破藩篱，逐步形成多主体相互合作相互制约的新格局，为激发体育产业活力释放着强大的政策利好。

二、全民健身为体育产业的发展提供了广阔的市场需求

国家层面提出全民健身，也从另一方面唤醒了市场培育新兴业态、开展体育消费的新尝试，推动体育产业与其他产业形态融合发展。体育强则中国强，国运兴则体育兴。全民健身是全体人民增强体魄、健康生活的基础和保障，是每一个人成长和实现幸福生活的重要基础。要形成全社会广泛参与的、具有跨时代意义的社会工程，在此背景下体育产业就要依托于国家和政策的相关扶持，人们对美好生活质量的需求增强，其市场必将得到充分扩展，全民健身无论是在理念上、内容上，还是在与其他行业的融合发展上，都会为体育产业的发展创造需求，提供消费基础和扩大市场空间，使更多的潜在体育消费人群不断转为现实的体育人口。

三、全民健身促使体育产业多元化发展

全民健身背景市场下对体育竞技项目、赛事观赏项目、健身休闲项目、体育公益项目、场馆服务项目等需求是多元化和多层次的。要使全民健身成为老百姓的生活风尚，成为“健康中国”的战略基础和小康社会的有力支撑，需要充分认识全民健身运动的内涵理念，引导全社会对健康生活的习惯养成，这是国民增强体质的根本途径也是全体人民实现幸福生活的基础保障①。目前，传统的体育活动已经远远不能够满足人民生活和休闲的需求，这种多层次、多样化的发展需求就需要体育产业不断进行创新发展，通过市场的资源配置和竞争行为，使体育发展在与其他行业融合的过程中实现多方式、多主体、多元化的升级发展。

---

① 苗苗．社会发展新常态下体育产业发展研究［M］．北京：中国原子能出版社，2019.

四、全民健身推动着体育产品与服务的生产和销售

全民健身能够拉动体育消费需求，补齐体育服务业短板。随着全民健身浪潮的来袭，人民群众的健身意识不断增强，不同消费层次、不同消费领域的巨大消费空间不断拓展。全民健身活动促进体育用品和体育服务需求的急剧增长，这也是最能反映一个国家体育发展水平的指标之一。尤其是体育服务，它是体育部门的从业者为了满足大家对体育的各种需求而进行的经济活动。这种经济活动配套相关政策的制定执行，在市场环境作用下，体育用品制造产业集聚给集群内企业和产业带来的外部经济效应，为体育产业带来了巨大的发展机遇。

第二章

全民健身时代体育管理活动发展

第一节 体育协会进社区推动全民健身事业发展

一、体育协会概述

（一）定义

体育协会，简称“体协”，是以体育运动为目的、按自愿原则建立起来的群众性业余体育组织，是体育社会团体的重要类别，也是实施体育管理的主要组织形式，具有民间性、非营利性、互赢性和同类相聚性等基本性质[①]。

当前，我国体育协会、俱乐部等体育社会组织的数量不断增加，规模不断壮大，在发展群众体育方面发挥的作用也越来越重要。体育协会是爱好体育群众自愿组成，自我管理，按照章程来组织各类体育活动的社会性组织。体育协会在帮助会员增长技能和组织各类活动方面，起到了非常重要的作用。充分发挥体育总会的龙头功能，不断加大对体育协会、俱乐部的监管力度，进一步增加体育协会、俱乐部的数量，丰富、完善体育协会、俱乐部的功能，指导帮助体育协会、俱乐部组织的体育活动。

（二）体育协会服务社会能力

首先，从为人民服务方面来看，体育协会服务社会应包括满足广大人民群众体育需求的内容。近年来，随着我国经济社会发展水平的提高，人民群众的体育需求呈现出多元化、个性化、不平衡等特点。究其原因，一是随着生活水平的提高，人们在体育健身、健康、休闲娱乐以及场地设施等方面需求具有多元化、个性化特点；二是由于我国人口众多、区域差异明显，人们各方面的体育需求存在不平衡的特点。因此，体育协会服务社

---

① 张成龙，芦军志，刘雷．体育赛事组织与管理［M］．哈尔滨：哈尔滨工业大学出版社，2022.

会应包括满足广大人民群众多元化、个性化与不平衡的体育需求的内容。

其次，从为社会主义服务方面来看，体育协会服务社会应包括满足我国社会主义现代化建设的体育需求。从现代化理论角度来看，人类社会的现代化进程包括第一次现代化和第二次现代化两个阶段，其中第一次现代化以工业文明为主要特征，第二次现代化以知识文明为主要特征，而我国社会主义现代化建设既有第一次现代化特征又有第二次现代化特征，属于综合现代化模式。体育发展则贯穿于第一次现代化、第二次现代化过程中，在不同阶段具有不同的功能表现。在第一次现代化中表现为增强体质，在第二次现代化中表现为改善生活方式、提高生活质量，而我国综合现代化模式中的体育发展则兼有上述两方面特征①。从党和国家重大会议来看，党的十八大报告中明确提出：促进群众体育和竞技体育全面发展。党的十九大报告中也明确提出：全民健身和竞技体育全面发展，广泛开展全民健身活动，加快推进体育强国建设。党的十九届六中全会又将“加快体育强国建设，广泛开展全民健身活动，大力弘扬中华体育精神”写入了《中共中央关于党的百年奋斗重大成就和历史经验的决议》。由此可发现，体育属于我国社会主义现代化建设的重要内容是毋庸置疑的。就体育协会所面对的目标群体而言，发展群众体育、广泛开展全民健身活动才是县（区）、乡镇（街道）与社区的广大人民群众的真实体育需求。

根据组织社会学理论，组织是由若干个人或群体所组成的、有共同目标和一定边界的社会实体，组织能力是指组织在与竞争对手投入相同的情况下，具有以更高的生产效率或更高质量，将其各种要素投入转化为产品或服务的能力。

体育协会属于组织，其服务社会能力是指以更高生产效率或更高质量，将各种要素转化为社会服务的能力，它体现在从个体和国家的体育需求服务、社区需求服务的开发、营销再到生产的全过程中。因此，体育协会服务社会能力应涵盖两方面：一是满足广大人民群众多元化、个性化与不平衡的体育需求的能力；二是满足我国社会主义现代化建设的要求，发

① 徐永峰．健康中国视阈下我国群众体育组织研究［M］．北京：中国商务出版社，2020.

展群众体育、广泛开展全民健身活动的体育需求的能力。

二、具体实践活动事例

体育协会进社区是对“要把更多资源、服务、管理放到社区”抓城市建设工作思路的贯彻落实。活动的开展，既为各类体育项目推广发展做出了积极贡献，也满足了群众日益增长的体育文化需求，实现了体育主管部门、社区、体育协会的三方共赢，为全民健身事业发展注入了新的活力。

（一）日照市体育协会进社区

2022 年 8 月，山东省日照市举办“全民健身手牵手，体育协会进社区”志愿服务活动，旨在打通体育惠民的最后一公里，在了解社区（村居）群众健身需求和意愿的基础上，充分发挥体育社会组织人才、项目、资源优势，到社区（村居）普及健身项目、举办赛事活动、推广健身技能，营造“人人想健身、人人能健身、人人会健身”的全民健身氛围。

此次活动从 8 月一直延续到 11 月，将组织全市 50 余家市、县两级体育社会组织进驻约 300 个社区（村居）进行体育帮扶，受益人数预计达到 9000 余人。

近年来，山东省群众体育得到了迅速发展，健身网络不断健全，健身设施日益完善，赛事活动丰富多彩，健身项目日渐兴起，全域联动、布局合理、优势突出、特色鲜明的全民健身新格局正在加速形成。

（二）西安市篮球协会进社区

2022 年 6 月 13 日，西安市首批体育社会组织进社区活动在国际港务区梦想公社小区进行，由西安市体育局和市社会体育指导中心精心安排，西安市篮球协会、西安奥优星体育俱乐部的专业教练员来到社区和港务区城市管理和综合执法局的职工篮球场上，将花式篮球展演、现场技术指导以及三人制篮球联谊赛等精彩、专业的“篮球服务”送进了广大党员干部和群众当中。

西安市首批体育社会组织进社区活动是按照市委组织部、市委非公和社会组织工委《关于开展“社会组织进社区”共建共治活动的通知》精神，为了深入落实《全民健身计划（2021—2025 年）》《“健康中国 2030”规划纲要》，巩固扩大西安市社会组织“党建引领促发展、社区治理强服务”活动成效，持续推动体育社会组织有序参与社区服务而推出的系列活动，活动第一站选择西安国际港务区，与 2021 年十四运会成功举办之后，这里持续开展大众健身活动以及日益浓厚的群众体育氛围有很大关系。

在此次活动举行之前，西安市体育局于 6 月 8 日进驻西安国际港务区城管执法局，开展了为期三天的全员体质监测活动，国际港务区城管执法局 300 余名执法队员参加了涵盖身体成分、肺活量、坐位体前屈、选择反应时等多项健康指数的测试，形成了科学详细的监测报告。通过此次活动，城管执法队员和社区的广大居民充分了解了体质健康相关知识及科学的锻炼方法。在今后的工作和生活中，构筑生命健康防线，城管执法队员更能够以饱满的热情、充沛的精力扎实地做好城市精细化管理和服务工作。

西安市篮球协会成立于 1979 年，是西安市团结和组织全市篮球爱好者，积极开展篮球运动，提高全民健身水平的市属单项体育协会。该协会成立 40 多年来，为西安市培养出了数以千计的篮球专业人才，为全民健身运动的开展和篮球运动的普及做出了重要贡献。曾在 2021 年全国十四运会三人制篮球比赛中获得女子组第二名，男子组第八名的好成绩。

此次体育协会进社区活动，有利于把篮球技艺传授给更多城管执法工作者和社区群众，让大家更加热爱篮球运动、更加科学地参与日常健身。同时，作为西安市体育协会进社区的第一站，也有利于持续推动体育协会有序参与社区服务，从而把“党建引领促发展、社区治理强服务”的理念真正落到实处。

第二节　体育协会自办赛事推动全民健身事业发展

一、体育协会自办赛事的意义

体育协会作为民间性、非营利性、互赢性和同类相聚性的体育组织，不仅具有广泛的群众基础，而且聚集了大量术业专攻的体育人才。体育协会作为社会组织，是体育行政部门的重要补充，担负着引导开展全民健身活动的职责。因此，体育协会自办赛事能够进一步发挥资源优势，有利于满足广大群众对健身运动的需求，为全民健身事业增添更多生机与活力。

二、具体实践活动实例

（一）青岛市毽球比赛

2022 年 8 月 8 日，是我国第 14 个“全民健身日”，山东省青岛市组织开展“全民健身日”系列活动。此次活动以“个十百千万，全民大健身”为题，通过一个主题口号、十个区市联动、百项精品赛事、千处场馆免费、万张消费券发放、十万器材巡检开放、百万群众参与，坚持全民赛事不断线、全民健身在身边，再掀“全民健身”新高潮。

体育协会携手社区举办“全民健身日”毽球比赛。8 月 6 日，青岛市毽球运动协会、李沧区街道办事处共同举办了 2022 年青岛市“全民健身日”毽球比赛，来自各区（市）的 25 支队伍、130 余人参加比赛。毽球作为一项全民健身运动，不拘场地、老少皆宜，具有很高的观赏性、娱乐性和竞技性，于 2021 年列入全运会群众性比赛项目，深受广大群众的喜爱。

8 月 7 日，由市体育事业发展中心、市体育产业发展中心、市网球运动协会主办的 2022 年青岛市第二届“网协杯”网球俱乐部联赛圆满落下帷幕。此次联赛分为甲、乙两个级别，采取升降组制，共有 12 支队伍、近 200 名运动员参赛。每个俱乐部按照女子双打、青年男双、中年男双、混合双打、常青男双的顺序出战，最终，青岛新兴网球俱乐部和中国石油大学（华东）网球俱乐部分获甲级、乙级联赛冠军。

此次比赛是 2022 年青岛市“全民健身日”系列活动百项精品赛事之一，为青岛市网球运动爱好者搭建了同场竞技比拼、展现运动风采的交流平台，促进了青岛市网球运动的发展，推动形成了人人爱体育、人人懂体育、人人享受体育的良好氛围。

（二）常州市田径健身达标系列赛

2022 年 8 月 27 日，“全民健身日”主题示范活动暨中国田径协会大众田径健身达标系列赛（常州站）于江苏省常州体育运动学校田径训练场开赛。

此次大众田径健身达标系列赛由中国田径协会、常州市体育总会指导，常州市田径运动协会主办，有迈体育承办，江苏省常州体育运动学校协办。比赛设 10000 米、5000 米、3000 米三个项目，每个项目均按性别和年龄段设置了 6 个组别。吸引了 300 余人报名参赛，其中年龄最小的 17 岁，年龄最大的 59 岁，赛事平均达标率高达 80.75%。

此次赛事是大众田径健身达标系列赛首次落地常州，既体现了中国田协对于常州体育工作的认可和鼓励，也为广大田径爱好者提供了一个展示自我、超越自我的舞台，以实际行动倡导了全民健身，增强了国民身体素质，为擦亮“常有健康”民生名片贡献了力量，为助力健康中国和体育强国贡献了常州力量。

大众田径健身达标系列赛是继常州西太湖半程马拉松、金坛茅山半程马拉松、中国马拉松精英排名赛、遥观宋剑湖马拉松之后，常州与有迈为跑友们搭建的又一个绝佳的路跑平台，有利于促进常州全民健身事业的高质量发展，为常州构建更高水平的全民健身服务体系注入了澎湃动力，也有利于常州市民以更加昂扬向上的姿态、更加健康强壮的体魄，为落实“532”发展战略，打造“六个常有”民生名片，建设“强富美高”新常州贡献更大力量。

第三节　社会体育指导员协会推动全民健身事业发展

一、社会体育指导员协会概述

（一）宗旨

贯彻执行国家体育工作方针、政策，团结和凝聚全国各级社会体育指导员，认真贯彻落实《全民健身条例》和《全民健身计划纲要》，实施公共体育服务，奉行“奉献、服务、健康、快乐”的宗旨，为广大群众提供科学、便捷、高效的健身技能指导[①]。同时，不断提高社会体育指导员工作、服务及技能指导质量和水平。切实保障社会体育指导员权益，为社会体育指导员开展工作创造必要的条件。社会体育指导员协会坚持无私奉献社会、热心服务大众的方针，为社会主义精神文明建设、建设和谐社会作出贡献。

（二）主要任务

积极宣传和推动我国全民健身运动，发展全民健身事业，落实《全民健身条例》和《全民健身计划纲要》以及《社会体育指导员技术等级制度》，积极落实我国公共体育服务各项任务，对我国社会体育指导员工作进行日常管理和业务指导，开展社会体育指导员等级评定和国家级社会体育指导员评审，研究我国社会体育指导员工作方针、政策，团结和凝聚各级社会体育指导员，对社会体育指导员开展业务和健身技能培训，组织和辅导群众科学健身；编辑、出版、发行社会体育指导员教材、书刊；开展国内和国际社会体育指导员业务交流。

---

① 田宝山，田熵甲．体育社会组织创新发展路径研究［M］．北京：中国水利水电出版社，2019.

二、具体实践活动实例

社会体育指导员协会可以组织会员进行宣传、培训和咨询活动，进行社会体育指导员指导资格分类等级评定，反映会员意见和要求，维护合法权益，规范指导行为，表彰、奖励在全民健身活动中成绩显著的会员①。社会体育指导员协会自成立以来，已成为团结社会体育指导员的一个组织，为广大社会体育指导员搭建了全民健身活动的学术研究和技能交流平台，促进了社会体育指导员业务水平的不断提高；同时，随着影响力、号召力和凝聚力不断增强，社会体育指导员协会在政府、社会体育指导员和广大人民群众之间发挥了桥梁纽带作用，成为体育公益事业的一支重要力量。

（一）上海市科学健身指导体验周

2022 年 8 月 6 日至 14 日，上海举行以“更潮、更嗨、更棒、更健康”为主题的科学健身指导体验周。

上海各市级单项协会紧密合作，培养项目社会体育指导员，选派了 107 名年轻的优秀指导员，开展线下科学健身指导服务 160 余场，向市民提供了 5000 多个免费体验名额。线上活动则通过现场直播、视频展播、互动抽奖等丰富多彩的形式，为项目社会体育指导员搭建了展示平台，呈现了社会体育指导员的技能风采，提升了市民参与的体验感。

体验周包括网球、篮球、橄榄球、科技体育（模拟赛车）、羽毛球、棒垒球、飞镖、飞盘、滑板、轮滑、跳绳、剑道、旱地冰球、武术、板式网球、特殊人群居家健身 16 个受市民欢迎的体育项目。除羽毛球、篮球、武术、特殊人群居家健身项目为全线上教学课程外，其他 12 个项目采用“线下 + 线上”模式开展健身指导。

近年来棒垒球的发展越来越好，国内棒球人的水平也相比之前有了很大的提高，随着棒球在国内发展以及棒球进校园等推广，打棒球的人数以

---

① 梁然．社会体育活动组织与健身路径管理研究［M］．北京：中国水利水电出版社，2019.

及举办的赛事也越来越多，越来越专业。尽管学生的身体素质有所差异，但经过这次科学健身指导体验周活动能够帮助学生学会怎样有效地入门，培养学生对棒垒球的兴趣爱好。

社会体育指导员主要活跃在健身团队日常科学指导、社区体育设施管理、赛事活动组织以及健身培训指导等各领域中。近年来，上海推进社会体育指导员改革，优化社会体育指导员年龄结构、技术等级结构，大幅提高国家级、一级社会体育指导员数量和占比，推进社会体育指导员队伍专业化、年轻化。

当前，上海市正在制定社会体育指导员创优计划，预计到2023年，上海市社会体育指导员占常住人口比例将不低于2.5‰。

（二）惠州市社会体育指导员足球项目培训班

广东省惠州市大亚湾区为贯彻实施全民健身国家战略，推动社会体育指导员工作的开展，壮大社会体育指导员队伍，结合“全民健身日”系列活动，提升大亚湾区全民健身服务水平。由区宣教局主办、区社会体育指导员协会承办的足球等10个项目社会体育指导员培训班于2022年8—9月举办。8月13—14日，成功举办了大亚湾区社会体育指导员足球项目培训班，为全区社会体育指导员培训拉开了帷幕。

2022年8月13日，足球项目培训班在大亚湾文化体育活动中心举行，经过为期两天的理论课、实践课培训，讲授社会体育指导员岗位职责、组织管理和体育健身指导，足球项目教学理论与方法，以及通过实践课教学如何设计一堂训练课、训练课的组织与安排、如何实施一堂训练课、协调灵敏训练等。14日下午，足球项目培训班圆满完成，为2022年大亚湾区社会体育指导员培训班开启了新的征程。

大亚湾区还有游泳、乒乓球、太极拳、武术、羽毛球、象棋、广播操、广场舞、篮球等项目培训班陆续举办。2022年大亚湾区社会体育指导员培训旨在通过专业、科学及系统的学习，提升社会体育指导员的技能和综合素质，有利于发挥社会体育指导员作为全民健身的宣传者、科学健身的指导者、群众健身的活动组织者和健身生活方式的引导者作用，从而让广大群众充分享受体育事业发展的成果。

第三章

全民健身时代体育竞赛表演活动发展

第一节　全民健身线上运动会推动全民健身事业发展

一、全民健身线上运动会活动简介

2022 年由国家体育总局群体司、中华全国体育总会群体部等部门联合发起的运动会“全民健身线上运动会”是国家体育总局群体司、中华全国体育总会群体部联合部分运动项目中心、全国性单项体育协会、省（区、市）体育部门和互联网平台共同开展的运动会。在体育总局官网设立主赛区，在咪咕、快手、抖音、人民爱健康、乐动力、悦动圈、Keep、哔哩哔哩等多个互联网平台设立分赛区。通过线上积分赛的形式展开，另外设置特殊贡献奖“全国百佳推广员奖”，用来奖励参赛的特殊贡献人员。

2022 年 5 月 7 日，作为本次线上运动会“科学健身指导”专栏内容的《科学健身指导公益课堂》在咪咕善跑平台正式上线。截至 2022 年 8 月，直接参与人数已达 1160 万余人。

二、全民健身线上运动会活动目的

“全民健身线上运动会”的开展目的是深入实施全民健身国家战略，展示疫情防控常态化下全民健身开展情况，为群众提供线上展示、交流和互动的机会，以体育在线服务的方式满足群众多元化体育健身需求，实现“健身不间断”。体育总局群体司司长丁东说：“在疫情防控常态化的局面下，通过这种方式来指导百姓健身；通过这样的方式，让更多的大众参与到全民健身当中来。”

三、全民健身线上运动会活动形式

“全民健身线上运动会”在形式上不设置开、闭幕式，广大健身爱好者可以根据自己的时间和喜好报名参赛，做到人员不聚集①。不设置新的赛事活动项目，而是整合部分互联网平台、运动项目中心、全国性单项体育协会以及省（区、市）已经开展的、效果较好的线上赛事活动，通过统一发布、统一宣传的方式，向群众展示“菜单式”的赛事活动目录，方便群众了解并参与。在内容上，创新推出了“工间操时间”，每天上午 10 点、下午 3 点在部分互联网平台定时播放毽球、八段锦、太极拳、广播体操等，带动久坐、伏案的人群一起做工间操，缓解疲劳、促进健康。

此外，还设置了“科学健身指导”专栏，推出大量科学健身指导视频，指导广大群众足不出户开展科学健身，培养良好的健身习惯。

四、全国各地全民健身线上运动会开展情况及成果

（一）驿城区全民健身线上运动会展示活动成绩斐然

在国家老体协举办的全民健身线上运动会全国老年人体育健身展示活动中，河北省驻马店市的驿城区老体协参加的 7 个大项 14 个小项中，共计 140 人分别获得了银奖、优胜奖、优秀奖和康乐奖。这是驿城区在参加的全国活动中获奖最多的一次。

国家老体协《中国老年人体育协会举办全民健身线上运动会全国老年体育健身展示活动的通知》下发后，驿城区老年人体育协会高度重视，专门召开了主席办公会和相关专委会负责人会，传达贯彻了文件精神，转发了《关于转发国家老体协〈中国老年人体育协会举办全民健身线上运动会全国老年体育健身展示活动的通知〉的通知》，各参赛团队踊跃报名，加紧排练，区老体协聘请专业人员统一拍摄制作上传参赛视频。

---

① 宫彩燕．全民健身体系研究［M］．长春：吉林人民出版社，2020.

经过大家的辛勤努力，其中太极拳 16 人获得优胜奖，器械套路 4 人获得优胜奖；柔力球队单拍集体自选套路 12 人获得优秀奖，双拍队集体规定套路 12 人获得优胜奖；女子气排球 2 人获得康乐银奖，2 人获得康乐奖；健身球操队 12 人获得自编套路优秀奖；手杖操队 9 人获得优胜奖；个人持杖健走 6 人获得优胜奖，持杖健走队 5 人获得团体优胜奖；广场舞 3 个代表队 36 人，2 个代表队获得优胜奖，1 个代表队获得参与奖；健身秧歌 2 个代表队 24 人均获得优胜奖。

（二）洪洞老体协全民健身线上运动会荣获 26 项奖

由国家体育总局群体司、中华全国体育总会群体部、中国老年人体育协会共同举办的全民健身线上运动会——全国老年人体育健身展示活动，已经揭晓。洪洞老体协同心树韵太极拳队在全民健身线上运动会上荣获 26 个奖项。

此次全民健身线上运动会全国老年人体育健身展示活动共分集体、个人两项。洪洞老体协同心树韵太极拳队在总教练郭秋香的带领下，集体展示共有 3 个队 15 人参加，个人展示有 8 人参加。获得优胜奖的有 15 人，获优秀奖的有 8 人。其中，集体展示 24 式太极拳获 3 个优胜奖；个人展示 24 式太极拳获优胜奖的有 10 人，获优秀奖的有 6 人；展示 32 式太极剑有 2 人参加，1 人获优胜奖，1 人获优秀奖；展示 42 式太极剑的有 5 人，4 人获优胜奖，1 人获优秀奖。

多年来，老体协太极拳专委会（同心树韵太极拳队）作为洪洞县老年人太极拳传承和推广工作的领头雁，把团结太极拳爱好者、调动一切积极因素、继承和发扬优秀太极拳文化遗产为己任，经常组织广大会员坚持刻苦训练，倡导和普及群众性武术运动的开展，努力促进太极拳运动技术水平的提高，积极稳妥地推动实施了全民健身计划，为洪洞县经济社会事业发展做出积极的贡献，多次在国家、省、市、县组织的活动中获得荣誉。这次丰富多元的老年人线上赛事活动，满足了广大老年朋友参与活动的需求，为引导更多群众参与全民健身，传播健康理念，喜迎党的二十大胜利召开献上了一份厚礼。

（三）亳州市全民健身社区运动会线上赛圆满举办

2022 年 8 月 8—28 日，亳州市全民健身社区运动会线上赛圆满举办，比赛分为线上全民健身知识竞赛和线上象棋、五子棋、掼蛋比赛，共计2948人参与比赛。活动以“快乐健身，分享运动”为主题，线上全民健身知识竞赛对分值排到前1—5名给予奖励，线上棋牌比赛每个项目选取第一、第二、第三名给予奖励。“每天通过手机利用空闲时间参加比赛，不受比赛场地的限制，非常方便，和广大棋友一起切磋非常开心”。市民程先生说。

通过本次活动，进一步提升了广大市民快乐健身、全民参与、科学抗疫的健身理念，营造了全民参与、共建共享的健身氛围，积极推动了更高水平的全民健身公共服务体系建设。下一步，市文化旅游体育局将开展更多样的群众体育活动，丰富群众体育健身内容，满足人民群众日益增长的健身需求。

（四）河北体彩“云”动会上线

为展示疫情防控常态化下全民健身开展情况，丰富当地群众体育休闲生活，带动居家隔离群众开展科学健身，满足群众多元化体育健身需求，河北省全民健身线上运动会——2022河北体彩“云”动会，于2022年8月至11月上线。

作为河北省全民健身线上运动会2022河北体彩“云”动会活动之一的花样跳绳云展演，于2022年8月29日至9月19日举行。本次跳绳云展演比赛不设门槛，凡身体健康、热爱体育运动的群众均可报名。参与者自行拍摄花样跳绳，形式不限，如单摇跳、亲子一带一单摇跳、个人花样跳等展演视频，带话题及地市名称发布至抖音平台，并“@”全民健身线上运动会河北省全民健身线上运动会2022河北体彩“云”动会组委会官方抖音号，参加评比，最终按视频点赞量进行评比排名。

为确保比赛的公正性，组委会成立线下裁判组，对参演视频的规范性进行评定，被裁判判定不属于跳绳运动的视频及存在违规的参演视频，取消活动资格。视频点赞量排名第一的为“最佳人气奖”，排名第二的为“最佳展示奖”，排名第三的为“最具风采奖”，排名第四至第一百的为“优秀奖”，均可获得相应奖品。所有参赛选手均可获得由国家体育总局群体司、中华全国体育总会群体部、河北省体育局颁发的电子荣誉证书。

未来，AI 跳绳挑战赛、AI 全民健身体能竞赛、AI 排球颠球挑战赛、健康跑、中国象棋、斗地主、太极拳、冰雪知识答题、电子竞技等云竞赛项目和广播操云合拍、滑雪跳、花样滑冰、花样毽球、花样羽毛球、花样篮球等云展演项目也将陆续上线，为参与者提供线上展示、交流、互动的机会，带动更多群众参与进来。

第二节　全民健身主题示范活动推动全民健身事业发展

一、全国全民健身主题示范活动开展概况

2022 年 8 月 8 日是国家第 14 个“全民健身日”，组织开展好“全民健身日”活动，对于贯彻落实习近平新时代中国特色社会主义思想和习近平总书记关于体育的重要论述，落实全民健身国家战略、倡导文明健康生活方式、促进全民健身与全民健康深度融合具有十分重要的意义①。连日来，全国各地积极开展了丰富多样的“全民健身日”主题示范活动，展示了全民健身事业的发展成果，进一步调动了广大群众参与体育锻炼的积极性。

据不完全统计，2022 年 8 月 8 日前后全国各地组织开展的“全民健身日”主题示范活动共计 4000 余个，覆盖全国 31 个省（区、市）和新疆生产建设兵团。国家体育总局群体司、中华全国体育总会群体部还与河北、吉林、广西、黑龙江、江苏、福建、湖北等省（市）共同主办了“全国 2022 年‘全民健身日’主题示范活动”。

① 徐金庆，高洪杰．全民健身的实用路径及保障体系构建［M］．北京：中国书籍出版社，2021.

二、全国各地全民健身主题示范活动开展情况及成果

（一）全国2022年“全民健身日”主题示范活动——第六届“宁镇扬”全民健身大联动活动

2022年8月8日上午，全国2022年“全民健身日”主题示范活动——第六届“宁镇扬”全民健身大联动活动在江苏镇江市健康路体育公园启动。该活动由国家体育总局群体司、中华全国体育总会群体部、江苏省体育局、镇江市人民政府主办，镇江市体育局、南京市体育局、扬州市体育局承办，中国体育彩票公益支持。国家体育总局办公厅二级巡视员梁效平、省政府副秘书长王思源、省体育局副局长熊伟、镇江市人民政府副市长武鸣参加了启动仪式。

本次“全民健身日”活动以“全民动起来，同心向未来”为主题，坚持贴近群众、喜闻乐见、健康向上的理念，结合“宁镇扬”全民健身大联动特色活动，主要有三个方面特点：一是参与人群广泛，来自城乡社区的社会体育指导员、健身达人、全民健身运动爱好者等都参与其中，共享运动的快乐。二是活动形式多样，活动开场广场舞、柔力球、太极拳、花式空竹表演气势恢宏；展演环节啦啦操、武术、健身秧歌、街舞等表演精彩纷呈；展示体验环节陆地冰壶、高尔夫、魔方拼图、航海航空模型等项目新鲜有趣；友谊赛环节飞盘、腰旗橄榄球、击剑等项目激情时尚；《国家体育锻炼标准》达标赛从五个方面进行了测试分别考验参赛者的力量、速度、耐力、灵敏、柔韧。三是活动内涵丰富，现场还通过各类展板、宣传页、向参与人员赠送《中华人民共和国体育法》（以下简称《体育法》）、《科学健身指导》手册等方式普及宣传《体育法》、科学健身知识。

与此同时，在2022年8月8日前后，江苏省各级体育部门在符合疫情防控要求的前提下，开展贴近群众、方便参与、丰富多彩、注重实效的“全民健身日”主题活动375场，通过线上与线下相结合的方式因地制宜、因时制宜地开展，包括群众身边的各类赛事活动、科学健身指导、全民健身志愿服务、国民体质监测、国家体育锻炼标准达标测验和《体育法》普

法活动等。值得一提的是，全省各级体育部门将督促指导获得国家和省免费或低收费开放补助的公共体育场馆，在 8 月 8 日全民健身日全天免费向社会开放体育场馆和区域内的公共体育场地设施，开放时间不少于 8 小时。如苏州市公布了百个免费开放的体育场馆名录和相关信息，并配合开展百项健身活动，营造了良好的全民健身氛围。全省各地通过全民健身日主题活动为引领，提升全民健身公共服务内涵，鼓励动员更多人走向运动场、走进健身行列，让运动赋能美好生活。

近年来，在国家体育总局的指导下，在省委省政府的领导下，江苏体育坚持以人民为中心，聚焦高质量发展走在前列，加快推进体育强省建设，努力构建更高水平全民健身公共服务体系，在全国率先提出并建成了城市社区“10 分钟体育健身圈”，率先实现了行政村体育设施全覆盖，人均体育场地面积 3.15 平方米，经常参加体育锻炼人数比例 40.3%，居民国民体质合格率 93.1%；开展了室外全民健身场地设施管护专项治理工作，采取线上线下相结合的办赛模式提高全民健身活跃度，推进形成部门协同、全社会共同参与的运动促进健康新模式，使人民群众真正享受到了体育带来的健康和快乐，共同刻画了“体育让生活更美好”的幸福图景。

（二）2022 年“全民健身日”主题示范活动——福建省健走达人万里福道健步行活动

2022 年 8 月 8 日，2022 年“全民健身日”主题示范活动——全省健走达人万里福道健步行活动在福建福州举办，副省长李德金、省政协副主席薛卫民向获得“福建省健步走运动达人”称号代表颁发荣誉证书，并与现场群众一起福道健步走。

该活动由体育总局群体司、省体育局、省政协教科卫体委、福州市政府共同主办，吸引了超过 500 名健步走运动爱好者参加。据了解，全省各级体育部门在 8 月 8 日前后围绕“以人为本、因地制宜、确保安全”的原则，陆续开展了太极拳、桥牌、笼式足球等 153 场“全民健身日”主题活动，让全民健身成为社会新风尚。

近年来，福建省在全民健身赛事活动上着力聚焦更加贴近群众，赛事活动规模形式从大型展示活动向就近就便、小型多样转变，组织方式从政府组织向依托社会、全民参与转变，参加人群从少数固定集中到大众日常分散转变，活动内容从传统单一向时尚多样转变，福建省全民健身运动会——“运动健身进万家”系列活动、全省社区（乡村）体育联赛、“三大球”城市联赛、“喜迎二十大·万里福道百万人健步行”活动等线上线下相结合的赛事活动蓬勃发展，全民健身蔚然成风。10 年来，全省各地累计开展了全民健身活动 36000 余场，参加人数 1800 多万人次，全省经常参加体育锻炼的人数比例达到了 41.3%。

（三）甘州区“全民健身日”健身示范性活动精彩纷呈

2022 年 8 月，由市体育局主办，甘州区文体广电和旅游局承办的“全民健身日”健身示范性活动在中心广场举行，2000 余名群众和健身爱好者齐聚中心广场，共享健康盛会。此次活动包括健身项目展演和群众健身活动两部分。健身项目展演精彩纷呈，包含太极拳、抖空竹、儿童轮滑、放风筝等活动，吸引大批群众围观照相。广场健身活动设置了踢毽子、跳绳、转呼啦圈、定点投篮四项群众喜闻乐见的竞赛项目。每一项活动都考验选手的反应速度和协调能力，充分调动了群众参与的积极性，营造了广泛开展全民健身活动的良好社会氛围。

近年来，甘州区将全民健身工作纳入了经济社会发展总体规划，文化、旅游、体育资源进一步融合，全民健身意识不断增强，全民健身设施不断完善，相继举办“万人徒步穿越湿地”“全民健身彩虹跑”“全国县域足球联赛”“广场舞大赛”“张掖市第五届运动会”等大型群众性体育活动。通过开展丰富多彩的群众性体育活动，充分展示了全区生态文明的建设成果，持续推动了文化、旅游、体育等产业高质量发展。

第三节 社区、农村运动会助推全民健身事业发展

一、社区运动会助推全民健身事业发展

（一）举办社区运动会的目的

在体育强国建设的伟大工程中，全民健身是全体人民增强体魄、健康生活的基础和保障。通过大力发展全民健身达到全民健康才能更好地为实现体育强国的宏伟目标起到保驾护航的作用。当前，随着社会的发展，尤其是城市化率的提高，新时期的居民社区已经逐渐发展成为相互关联、相互作用、相互影响的集自然与人文要素于一身的共同体，具有服务、互助、商业、共享等多元功能[①]。基于此，通过举办社区运动会积极开展社区体育活动，既可以为经济发展和社会建设提供更好的人力资源储备，又能为中华民族伟大复兴提供强大的精神力量，还能更好地促进社区人际关系、社区文化及精神文明建设，切实推进体育强国建设。

（二）全国各地社区运动会的开展情况及成果

1. 马山街道海澜社区举办社区运动会，30 余名社区居民参加。2022 年 8 月，马山街道海澜社区在力高阳光海岸小区举办了社区运动会，鼓励社区居民动起来、乐起来，推动了全民健身运动蓬勃发展。本次运动会设置了打高尔夫球、打保龄球、踢毽子、扔标枪、跳绳等多个项目，吸引了 30 余名社区居民踊跃参加。活动过程中，参赛选手勇于挑战自我，围观群众不断为参赛选手加油助威，场面十分热闹。大家尽情享受着运动带来的快乐，展示出了最佳的精神风貌。

活动中，海澜社区积极倡导“让运动成为习惯、让体育走进生活”的

---

① 毛丰. 全民健身背景下的体育基础知识与健康教育［M］. 北京：中国纺织出版社，2020.

理念，满足了社区居民多元化的健身需求，彰显了体育在新时代文明建设中不可或缺的作用。社区居民一起比赛、一起加油、一起欢笑，在互动中沟通情感、增进了解，邻里关系因此更加紧密，社区生活也因此更加和谐。

2. 枣庄市第二届社区运动会在台儿庄区张山子镇顺利举行。2022 年 8 月 30 日下午，枣庄市第二届社区运动会暨张山子镇冷庄村社区首届运动会在台儿庄区张山子镇冷庄村文体广场顺利举行。比赛场上，一百多名参赛选手在定点投篮、夹夹乐、托球跑等项目上展开了激烈角逐，在象棋比赛、牌类比赛中展开了头脑风暴。围观群众不断地为参赛的选手们加油助威，场面热闹非凡。

本次活动设立了村级项目和市级项目。村级项目包括：定点投篮、夹夹乐、象棋比赛、牌类比赛；市级项目包括：一分钟计时跳绳、30 米托球跑、沙包投准、30 米绕杆跑。

张山子镇以满足人民群众日益增长的体育需求和人民对美好生活的向往为立足点、出发点，持续开展社区运动会，让村民在活动中锻炼身体、愉悦身心，促进村民间的邻里情，感受社区生活的温馨与快乐。

3. “趣味百园”开赛，打造北京社区运动会新典范。2022 年 8 月 31 日，第一届“趣味百园”社区运动会在北京市朝阳区百子园社区欢乐进行，运动会设置了趣味套圈、赶“猪”跑、珠行万里、乒乓球等群众喜闻乐见的比赛项目，让参与者在快乐的氛围中享受运动。在会场，居民展现出了极大的参赛热情，趣味与挑战并存的项目让现场欢声笑语不断。运动会极大地丰富了居民的健身活动，对于提升群众身体素质、促进邻里和睦以及街道的文明和谐都有积极作用。本次运动会由双井街道百子园社区居委会主办，北京光大印象文化传媒有限公司承办，北京中锐体育产业有限公司协办。专业社会力量的参与，为基层社区运动会提供了技术和安全保障，这有效提升了居民的参与感、体验感和集体荣誉感。

大部分社区群众对于运动会等健身活动有着极大的需求。参与本次活动的李女士在接受采访时说：“这比赛太好了，不仅能够提升身体素质、身体协调性，而且非常有趣好玩，希望社区能够多多组织这样的活动。”

二、农村运动会助推全民健身事业发展

（一）农村运动会的开展要求

发展农村体育是全面推进乡村振兴、建设体育强国和健康中国的重要任务。基于此，全国各地要积极构建农民群众广泛参与的体育健身赛事活动体系，充分利用“中国农民丰收节”“全民健身日”“全国运动会”等重大节庆平台，鼓励开展形式多样的农民群众性文化体育活动，倡导健康文明的生产生活方式。围绕乡村发展、乡村建设和乡村治理，结合农时农事农需，经常性举办具有农耕农趣农味的体育赛事活动，大力开展健康跑（走）、骑行、球类等健身活动①。有条件的行政村和农村社区可以每年举办1次以上健身赛事活动。支持农民自发组织开展“村歌、村晚、广场舞、趣味运动会”等文化体育活动。另外，还要加强传统体育项目的保护利用和传承，扶持推广武术、龙舟、舞龙舞狮、健身气功等中华传统体育项目，重点挖掘整理列入乡村非物质文化遗产的传统体育项目，总结提炼传统体育项目的文化特征，形成各具特色的精神内核和文化标识；加强乡村体育文化创作及平台建设，打造“一地一品、一村一项”农民文体特色品牌；鼓励开发适合不同人群、不同地域特点的涉农特色运动项目，支持纳入各级综合性运动会比赛或展示。

（二）全国各地农村运动会的开展情况及成果

1. 宁夏隆德县首届生态垂钓大赛开幕。2022年8月20日，2022年固原市隆德县首届生态垂钓大赛在三里店水库开幕。大赛为期六天，来自山东、河南、四川等全国多个省份的882名参赛选手在团队赛、个人挑战赛、群众休闲赛中展开了激烈比拼。

隆德县探索建立的“避暑观光+民俗文化+休闲农业+生态垂钓+特色餐饮”等现代化全域旅游发展模式，有效带动了全县“一二三产业”深度融合发展。主办方希望通过本次生态垂钓大赛，吸引八方游客亲身体验

---

① 史小强．全民健身公共服务绩效模型构建与实证研究［M］．北京：中国社会科学出版社，2020.

隆德清凉气候、秀丽生态、人文景观等特色魅力，助力隆德建设生态文旅特色县，打造六盘山西麓最具特色的幸福生活宜居地、休闲避暑目的地、特色旅游体验区。

2. 同阳新村农民趣味运动会点亮多彩乡村生活。为丰富农村居民体育文化生活，促进文明和谐的村居发展、村民融合，推动农村文化体育活动发展，提高村民体育生活质量和健康水平，2022 年 8 月 17 日，同阳新村村民委员会举办了第一届“农民趣味运动会”。运动会根据村民喜好，设置了拔河比赛、瞎子敲锣、踢毽子、跳绳、定点投篮、乒乓球接力、象棋、打扑克、三人赛、斗牛、篮球友谊赛 11 个比赛项目。

在篮球赛场上，贺兰山西路街道南梁社区和同阳新村的两队化身运动员的村民奋力拼搏，投进一个又一个好球，比赛场边喝彩声、助威声此起彼伏，使比赛既农味十足，又丰富有趣。在象棋比赛的对战中，选手在棋盘的方寸之间斗智斗勇，见招拆招，各显本领，大家都乐在“棋”中，一旁的观众更是屏息凝神，不敢发出一点声音，生怕错过每一步好棋。

此次运动会的举办，进一步丰富了群众的精神文化生活，展示出了群众积极上进、团结拼搏的精神风貌，也为群众搭建了相互交流沟通的平台，促进了邻里和睦，倡导了健康生活，提升了老百姓的幸福感、获得感和满意度。

3. 2022 年浙江省农村文化礼堂运动会。2022 年 8 月 5 日，浙江省农村文化礼堂运动会启动仪式在杭州建德钦堂乡举行。在启动仪式上，赛艇双人双桨世界冠军、奥运银牌获得者徐东香，赛艇世界锦标赛女子轻量级四人双桨冠军潘旦旦以及来自建德钦堂乡的七支农民代表队等参加了活动。

在启动仪式现场，徐东香和潘旦旦两位世界冠军与农民运动员代表热情互动，世界冠军为农民运动员授旗，好客的村民则请两位冠军品尝了当地的特产小香薯和黄桃，热情互动，活力满格。启动仪式过后，首场农民趣味运动会随即展开。比赛集农耕、趣味、健身于一体，运动员通过协力竞走、农田障碍跑、插秧割稻、粮食大丰收等诸多充满农耕文化元素的比赛体验，充分展示了钦堂当地特有的乡土风情。

本届文化礼堂运动会共设置象棋、拔河、乒乓球、篮球、气排球、健身排舞、龙舟和农民趣味运动会 8 个比赛项目。在启动仪式之后，全省各地的比赛都陆续展开，掀起了乡村群众性体育文化活动的热潮，引导农民群众不断参与到丰富多样的体育赛事中。

第四章

全民健身时代体育健身休闲活动发展

第一节　云健身推动全民健身事业发展

一、“云健身”简介

“云健身”是指依靠手机等直播工具，健身教练通过直播的方式在线上授课讲解，健身者可以在家中进行健身的一种模式。受新冠肺炎疫情的反复影响，健身作为消费市场的一环，也在不断发生变化，居家场景被充分开发。从健身环、健身镜等黑科技产品的推出，健身平台纷纷布局线上课程。当下，“云健身”模式已经受到了众多健身爱好者的喜爱。

一部手机、一个支架，一块空地是“云健身”教练的主要直播工具。“云健身”教练代表人物有周六野、帕梅拉、刘畊宏等一众健身 IP 人物。

二、“云健身”的特点

相比传统健身，“云健身”最大的好处就在于不受地域和时间的限制，可以最大限度地满足人们的健身需求。尤其是在常态化疫情防控下，一些城市居民正居家封控，毽子操的意外走红可谓正逢其时。刘畊宏带着家人一起运动、温馨互动，不仅可以让网友们和百万粉丝一同体验“云私教”，让大家足不出户就能实现健身，而且让更多人陪伴家人一起运动，创造共情体验，增进感情。在“云健身”的热潮下，“互联网＋体育”作为一种新业态，不仅引领了健身方式的转变，还在潜移默化中丰富了人们的居家生活、增强了身体素质、带来了全新的健身体验和乐趣。然而，“云健身”还面临着在直播过程中，教练对于学员没有强制约束力、安全性难保障等问题，所以要让这个方兴未艾的行业遍地开花、行走致远，还要久久为功。

“没有全面健康，就没有全面小康。”国务院印发《国务院关于实施健康中国行动的意见》，明确将实施全民健身行动列为主要任务，充分说明了全民健身在“健康中国”中的地位与作用。一人健康是立身之本，人民健康是立国之基。全民健身是新时代人们“主动健康”理念的全新体现，也是焕发国民生活新风貌的时代强音①。虽然“云健身”目前尚不完美，但它以碎片化和轻量化的特点让更多人走进健身大门，对推广全民健身来说有着独特的意义。“云健身”传递出积极乐观的生活态度，不仅锻炼了身体，也是一种情感上的陪伴、精神上的鼓励。我们期待更多人行动起来，加入健身的行列，也期待更多健身推广者紧紧围绕人民群众对健康的需求，不断完善全民健身政策，推动健身产业的发展，带来更丰富的运动课程，不断激发群众的健身热情，为更好地建设健康中国注入源源不断的动力。

“云健身”像一把双刃剑，互联网提供了众多满足人们健身需求的途径，但内容繁多且质量参差不齐，也让缺乏运动常识的人群极易落入选择的陷阱。浏览直播平台会发现，高人气健身博主中，除了部分持有国家健身教练资格证书等专业资质外，大部分还是普通健身爱好者以及分享个人减肥经历的“过来人”。《2021 年国民运动洞察未来趋势报告》中的运动困扰调查显示，有 42.9% 的人选择了“缺乏专业运动指导”，超过了“没时间”和“没有运动环境”两项。“云健身”得益于场地要求低、简便易行而快速火爆，成为线下健身的有益补充，但要想更快更好发展，还要对其加以规范，以科学引导纠正行业不规范、不科学的现象。

三、全国各地“云健身”活动开展情况及成果

（一）线上打卡 + 线下徒步：2022 年体彩乐走活动全新起航

正逢云南省第十六届运动会各项赛事如火如荼地举行，广大群众积极参与运动健身的热情高涨。2022 年 8 月，以“全民健身促健康　同心喜迎

---

① 陆阿明，陆勤芳．科学健身［M］．苏州：苏州大学出版社，2020.

二十大”为主题的2022年“体彩乐走 乐走云南”中国体育彩票健身徒步大会正式开启。

作为云南体育彩票管理中心积极推动的群众体育品牌赛事，“体彩乐走 乐走云南”中国体育彩票健身徒步大会已成功举办三届，共带动各级各界健身爱好者近2000万人次参与，并吸引省外群众积极加入，成为全国性的全民健身活动。2022年体彩乐走延续“线上+线下”模式，创新思路组织全民健身活动。

1. 线上打卡：“大众云健身”贯穿全年。线上打卡采用“体育+互联网”形式，不受时间、空间限制，让大众能更便捷、更安全地参与到运动健身中来，提高群众参与率，扩大运动人口规模。活动倡导每天科学健走6000步，引导广大市民养成良好的健身习惯，在日常锻炼中走出健康，走出自信。

本次体彩乐走线上活动将持续开展至年底，让“大众云健身”贯穿全年。此次全面更新的线上板块充分结合了云南少数民族文化特色，为参与者打造了更精美的活动画面，推出了更趣味的活动玩法。在完成日常健步走6000步线上打卡的基础上，还创新增加了为体彩吉祥物“乐小星”收集民族服饰、进行换装，以及每日签到获取随机幸运数字、赢得抽奖机会等丰富的活动内容。智能手机、运动手表、实用小家电、体彩乐走定制运动装备等众多奖品，让大众在参与线上健步走活动的同时收获满满。

2. 线下徒步：强体质展春城风采。在线下，根据疫情防控要求择机举办了一场群众性徒步活动。活动选址海埂大坝，结合西山、滇池诸多美景，意在让市民通过徒步的方式感受不一样的城市风光，在春城美丽的健身锻炼环境中，享受运动带来的乐趣。

为大力发展体育产业，激发全民健身热情，云南体育彩票管理中心自2019年起，以“体彩乐走 乐走云南”中国体育彩票健身徒步大会为平台，以“你未必光芒万丈，但始终温暖有光”为主题，开展了一系列形式多样、丰富多彩的线上和线下全民健步走活动。借助“体育+互联网”的形式，将体彩公益金积极落实于全民健身计划，充分体现了中国体育彩票“来之于民，用之于民”的发行宗旨，大力助推了云南高原特色体育强省建设。

（二）趣丸科技发起“兴趣向善”云健身行动

为深入贯彻落实《全民健身计划（2021—2025年）》《体育强国建设纲要》等文件要求，趣丸科技发起了“兴趣向善”云健身行动，大力推动全民健身与公益慈善深度融合，搭建城乡公益互助平台，以兴趣为源，发动企业员工、平台用户、乡村儿童一同参与云健身。通过“城镇拍照打卡”“乡村阵地解锁”的方式，助力乡村建设“趣丸智能体育空间”公益项目，盘活乡村社区资源，传播健康生活方式。

目前，居家健身已经成为新的体育健身场景，在同等便利的体育健身环境条件下，74.3%的受访者首选在户外健身，46.2%的受访者首选居家健身，30.8%的受访者首选在室内健身场馆健身。受疫情影响，居家健身场景被青睐，说明运动健身逐渐成为我们日常不可或缺的行为之一，也推动了“云健身”的兴起。

在2022年8月8日全民健身日当天，趣丸科技联合企业员工、TT语音守护者联盟、乡村儿童开展了为期一周的“趣健身，丸公益，兴趣向善”云健身行动，根据自己的兴趣运动，拍照打卡并上传到活动云端，按最终打卡人数解锁了“趣丸智能体育空间”公益项目，点亮了乡村儿童身边的“运动健身房”。

未来，趣丸科技将持续推进体育运动进社区，充分利用数字新技术赋能全民健身，打造出更多受欢迎的全民健身数字化应用场景，进一步为青少年、老年人等城乡人群参与健身运动提供便利，形成“人人运动、人人健康”的良好社会风尚。

（三）“大众云健身·线上健步走”第二阶段活动启动

2022年8月8日是我国的第14个“全民健身日”，这一天，备受关注和期待的“大众云健身·线上健步走”第二阶段活动正式启动。2022年的5月，大众报业集团工会和齐鲁晚报·齐鲁壹点联合主办了“大众云健身·线上健步走”活动，在第一阶段活动中，来自大众报业集团的干部职工们热情跑过春夏，此刻又开启了一个充满健康和激情的金秋健步旅程。

在第一阶段的活动中，24支队伍共2712名集团员工实现总步数突破6

亿步，通过54天健步走活动，引导广大干部职工积极参与体育运动，养成了健身习惯，提升了职工的归属感和团队合作精神。与此同时，融合了报人才思和文化情怀的队名设计，别出心裁的“诗词海报”运动打卡环节，也让大家感受到了一次生动的文化洗礼。

近年来，山东瞄准建设体育强省的目标，在围绕落实全民健身国家战略先后举办了各式各样群众广泛参与的体育活动。“大众云健身·线上健步走”虽是职工活动，但通过促进职工体育运动，用职工的力量影响更多人，也能为山东省全民健身发展贡献力量。有一个数字很能说明“大众云健身·线上健步走”活动的效果和在广大员工中的人气：在第二阶段活动开始前，报名的参赛队伍已从第一阶段的24支增长到了28支！其中，天一会展和临沂新闻大厦都是首次组队；鲁中晨报动员广发职工，调整结构组建了两支队伍；期刊中心在第一阶段曾和其他部门联合组队在第二阶段参赛，他们报名队员人数的增加已经可以独立组队了。

第二节 群众体育文化活动推动全民健身事业发展

一、群众体育文化活动的开展价值

中国特色社会主义进入新时代，物质财富快速积累，人们过上了向往的美好生活。在物质基础达到满足的前提下，人们的身体素质下降了，心理精神问题也逐渐增多了。在高强度工作和高强度生活的环境中会诱发人们的心理疾病，心理亚健康或者不健康的人会逐渐增多，主要原因就是生活过于枯燥乏味、生活方式单一，满足不了人们精神世界的需求，来自工作和生活的压力无法得到有效释放①。然而，人们在参加完体育文化活动

① 杨韩雪．体育健身理论与实践研究［M］．北京：原子能出版社，2021.

后会心情愉悦，笑逐颜开，生活和工作上的压力会得到缓解。我国的群众体育文化活动仍然有很大的上升空间，参加体育文化活动的只是少数人，大部分的上班族和农民工几乎没有参加过任何体育文化活动。一方面，是由于时间和经济条件有限；另一方面，是因为公司忽视员工的文化生活，没有举办过体育或其他文化活动。调查显示，大部分人还是希望能够参加体育文化活动的，因此国家应加大覆盖体育文化活动的受益对象，实现体育文化活动全民参与。参加体育文化活动，不仅能够让人们的身体得到锻炼，而且还能够促进人们的心理和精神更加阳光、积极。

二、全国各地群众体育文化活动开展情况及成果

（一）2022 年晋城群众文化活动体育项目启动

2022 年 6 月 20 日，“喜迎二十大，奋进新征程”2022 年晋城市群众文化活动体育项目启动仪式在该市全民健身中心举行。同时，“晋城农信杯”第四届市直单位篮球赛、首届职工足球赛也正式拉开帷幕。

为迎接党的二十大胜利召开，进一步丰富全市人民精神文化生活，在全社会大力营造团结奋进、开创新局的浓厚氛围，晋城市在全市范围内开展了 2022 年群众文化活动体育项目，旨在以群众文化活动为牵引，通过开展丰富多元的体育赛事活动，不断夯实群众体育工作基础，引领全民健身新风尚。

这一系列活动包括 35 项群众文化活动，其中体育类活动（赛事）14 项，涉及乒乓球、羽毛球等项目。此次活动由市委宣传部指导，市文旅局、市体育局、市融媒体中心、市总工会、团市委、市妇联、市文联等部门联合组织开展。

（二）德州市群众文化体育活动暨平原县全民健身活动

2022 年 4 月 29 日，德州市 2022 年群众社区文化体育活动暨平原县全民健身活动仪式启动。此次活动由德州市教育和体育局、德州市文化和旅游局、中共平原县委、平原县人民政府主办。活动旨在掀起新的全民健身热潮，让广大人民群众主动“走出去”“动起来”，让运动成为习惯，享受

到体育带来的健康和快乐。

近年来德州市全民健身公共服务体系和基层公共文化服务体系建设成效明显，文体惠民工程扎实推进，涌现出了一批好经验、好做法。平原县坚持把文体事业作为重要民生工程，持续加大资金投入，不断丰富活动载体，有效满足了群众日益多元的文体生活需求，让全民健身和基层公共文化服务的典型做法走在了全市前列。下一步，德州将以满足群众对优质文体生活的需求为目标，广泛发动，集中力量将文体惠民工程这一实事办实办好，不断提升群众文体生活的获得感、幸福感。

开幕式结束后还举行了健步行、篮球赛、太极表演等活动。

（三）北京顺义国际人才社区组织开展健身龙体验体育文化活动

为推动群众性健身活动开展，丰富国际人才社区居民体育文化生活，助力建设健康和谐社区，2022 年 8 月 31 日，北京顺义国际人才社区办联合空港街道三山新新家园社区组织以“乐享健身，舞龙飞扬”为主题的健身龙体验活动，将舞龙传统文化与健身结合起来。

“微屈膝，背挺直，腹部收紧……”在健身教练的讲解和示范下，社区工作人员和居民开始健身操前的热身，让身体得到足够的伸展。大家认真学习着每一步分解动作，伴随着动感的音乐，迈开步伐，伸展手臂，慢慢从生疏到熟悉，跟着节奏完成每一组动作，在运动中放松身心，体验运动带来的快乐，现场气氛非常活跃。

参加活动的群众都非常开心，“生命在于运动，此次活动不仅传达了全民健身理念，还宣传了体育健身对于自身健康的重要性。我们长期伏案工作，颈椎不太好，这么动一动，出出汗，浑身舒畅了不少”。活动负责人表示：“通过开展健身龙活动，将传统文化融入日常生活，在国际人才社区营造了全民健身的良好氛围，树立起‘让体育健身成为一种生活方式’的健康理念，展现了国际人才社区居民健康向上的精神风貌。”

健身龙又名“彩带龙”，是一种融入传统舞龙的健身运动，相对于传统的舞龙，健身龙具有喜庆、欢快、大众化、群体化的特点，同时又极具普及性、趣味性、观赏性和实用性。舞健康龙需要手臂、脚、腰等身体多部位的动作协调配合，对久坐产生的颈椎疼、肩膀酸软等职业性疾病有很大的预防和改善作用。

第三节　青少年体育文化活动推动全民健身事业发展

一、青少年体育文化活动的意义

青少年是祖国的花朵、民族的希望、国家的未来。少年强则中国强，体育强则中国强。党中央和习近平总书记高度重视青少年的健康成长，要求各地方政府联合体育部门创造条件帮助孩子们在体育锻炼中享受乐趣、增强体质、健全人格、锤炼意志。青少年的身心健康、体魄强健、意志坚强、充满活力，是一个民族旺盛生命力的体现，是国家综合实力的体现①。开展青少年体育文化活动有利于增进青少年的体质健康，促进青少年之间的合作交流，体现当今青少年应有的朝气蓬勃与时代精神面貌；同时也能够进一步促进社会主义现代化教育方针的全面贯彻，丰富青少年的业余文化生活，展现青少年的青春活力，培养青少年顽强奋斗、勇于拼搏的优良品质。

二、全国各地青少年体育文化活动开展情况及成果

（一）“乒”出快乐，“乓”出健康——东风路街道开展青少年公益体育培训活动

秋季开学在即，为鼓励社区青少年坚持体育锻炼，增强体质，抵御疾病侵袭，以崭新的姿态迎接新学年，2022 年 8 月 29 日，金水区东风路街道文化绿城社区新时代文明实践站在未成年人活动室开展了乒乓球体育健

---

① 汪流．社区市民健身团体及其体育志研究［M］．北京：人民体育出版社，2021.

身培训活动。

活动开始前，乒乓球教练向孩子们耐心讲解乒乓球理论、实战技巧等内容，从持拍、站姿、用力、角度等方面帮助孩子们培养球感，掌握技能。孩子们兴趣盎然，劲头十足，紧跟教练的节奏，挥动着球拍，争先恐后地进行实际对打训练，尽情感受着乒乓球运动带来的快乐。同时，教练老师还积极向孩子们普及体育知识，宣传健身效果，引导孩子们树立健康生活新理念。

本次乒乓球培训活动让社区青少年亲身感受到了乒乓球运动的魅力，锻炼了他们手、眼、脑的协调能力，同时也展现了社区青少年朝气蓬勃、积极向上的精神面貌。下一步，文化绿城社区将继续营造良好的培训教育氛围，培养文明健康生活方式，持续提升社区青少年的身心健康，促进社区青少年全面发展。

（二）天津市第一届少年儿童夏季体育节

由天津市关工委发起并与市体育局、市教委、团市委共同主办的天津市首届少年儿童夏季体育节于 2022 年 7 月 28 日正式拉开帷幕。这是继 2022 年 4 月华夏未来体育中心建成并投入使用后，又为孩子们办的一件实事、好事。2022 年 8 月 23 日，随着京津冀少儿网球邀请赛最后一场比赛的结束，历时近一个月的首届少儿夏季体育节完成了各项赛事和活动，并圆满落下帷幕。此次活动为 1200 多个“五爱”① 教育阵地配建了体育器材，组织了一大批“五老”② 体育专家指导青少年体育活动。为了丰富广大少年儿童的假期体育生活，推动少年儿童体育活动广泛深入开展，展现新时代广大少年儿童积极向上的精神风貌，天津市关工委决定，今后每年的暑假和寒假期间，将会分别举办少年儿童的夏季体育节和冬季体育节。

2022 年 7 月 28 日，本届少儿体育节组委会召开新闻发布会，20 余家中央和本市新闻媒体以及网络媒体的记者参会。由于是首届，在全国又是首创，所以引起了媒体的广泛关注。天津日报、今晚报、天津广播电视台、天津工人报、中老年时报等本市主流媒体及新华网、北方网、津云融

---

① “五爱”：指“爱国、爱人民、爱劳动、爱科学、爱社会主义”。

② “五老”：指“老干部、老战士、老专家、老教师、老模范”。

媒体、中新网、搜狐网等十多家网络媒体都对举办体育节做了详细报道，消息发布后引起了广泛关注。中国关工委主任顾秀莲对天津市举办的少儿体育节十分关注，并高度赞扬，冒着酷暑专程来津出席体育节活动，与孩子们互动，并为足球、网球比赛开球。

本届少儿体育节形式新颖、丰富多彩。既设立了足球、网球等竞技比赛项目，也设置了普及面广、深受孩子们喜爱的跳绳、踢毽子、轮滑、啦啦操等项目的比赛。为满足广大少年儿童暑期健身需求，体育节期间还开设了篮球、排球、乒乓球、游泳、武术、跆拳道、棋牌、小轮车等10个项目的少儿夏令训练营地。举办了少年儿童网络体育知识大赛，利用互联网平台向广大少年儿童普及了体育锻炼知识，传授了科学健身方法。在天津广播电视台举办的“我与冠军面对面”专题节目，邀请了世界冠军与小朋友们同场交流，激励孩子们刻苦训练，健康成长。在天津体育博物馆开设专场，组织少年儿童参观天津女排成就展、体育发展历史展等，让孩子们感受体育文化的魅力，享受体育运动的快乐，增强热爱祖国、热爱天津的意识。由于比赛项目和活动内容既喜闻乐见、受众面广，又技术简单、便于掌握，整个体育节孩子们投入了极大热情，报名踊跃，积极参与。家长们更是对举办体育节表示欢迎，赞誉有加，希望今后多组织这样的活动。据统计，参加体育节的少年儿童达到了14万余人。

利用假期举办少儿体育节，就是为孩子们创造一个参加体育锻炼的平台，提供一个让孩子们“玩”的空间。扭转假期让孩子们上各种文化补习班的现象，真正把时间还给孩子们，把童真还给孩子们，让孩子们在假期“玩”个痛快，“玩”出一个健康的体魄。为此，本届少儿体育节以“动起来、乐起来、强起来”为主题，让更多的孩子们享受到了体育运动的快乐这一活动的宗旨和目标。实践证明，首届少儿体育节达到了预期的目的，取得了圆满成功。万事开头难，经过不断探索、改进和总结，少儿体育节会越办越好，将成为孩子们享受假期、享受体育的乐园。

（三）“新侨杯”第三届“中外人文交流小使者”网球展示活动暨广东省青少年网球排名赛

2022年8月24—27日，“新侨杯”第三届“中外人文交流小使者”网球展示活动暨广东省青少年网球排名赛在广州举办，共吸引了500余名青少年参加。本次活动旨在促进中外青少年人文交流，推动教育对外开放，弘扬奥林匹克精神。

开幕式伊始，黄埔军校中学国旗护卫队步入会场，现场所有人面向国旗肃立致敬，行注目礼。随后，东荟花园小学、黄埔区青少年宫的黄埔娃们演绎舞蹈《炫舞青春》《向你们学习》，展现了运动员拼搏向上、刻苦训练的体育精神。本次小使者网球展示活动与广东省青少年网球体育活动相结合，为同学们在网球运动中参与人文交流搭建了平台，传播、践行了人文交流理念，传承发扬了体育精神，锤炼了意志品质，提升了人文素养，促进了身心健康和全面发展。

"中外人文交流小使者"活动已成功举办了两届，共吸引来自美国、英国、俄罗斯等30多个国家的近1000名外国青少年和28个省（区、市）以及香港、澳门特别行政区2156所学校的近20万名中国青少年参加，活动直播观看量累计近300万人次，线上关注近3000万人次，受到了学校、师生及媒体的普遍好评。第三届"中外人文交流小使者"集体展示活动全国报名团组突破了10000支，舞蹈、戏剧、戏曲、合唱、器乐、啦啦操的云端大区展示由中央广播电视总台央视频全程直播，全国共千支团组线上展示，活动整体观看人数突破了500万人次。本次总展示线下活动已成功在海口、杭州举办，下半年还将在重庆、澳门等地开展。2022年是中国与多个国家建交的黄金年，"中外人文交流小使者"展示活动将结合庆祝中德、中卢、中澳、中新建交50周年，策划开展中外青少年交流活动、主题音乐会以及庆祝中外传统节日的中秋、新年、圣诞联欢会等。

第五章

全民健身时代体育场馆服务发展

第一节 城市大型体育场馆建设推动全民健身事业发展

一、大型体育场馆建设的效益与价值取向

大型体育场馆能够带来良好的经济、社会等效益，在全民健身事业中发挥着重要的作用，因此受到了各级政府的高度关注，很多城市和地区都投入了大量的资源致力于体育场馆的建设。大型体育场馆建设后要开展运营工作，产业化是其运营的一个重要方向。产业化运作可以促进大型体育场馆经济效益的提高，从而为场馆的扩建与完善以及全民健身的顺利实施提供重要的物质保障。

（一）大型体育场馆建设的效益

近些年，不管是国内学者，还是国外学者，都十分重视研究政府对大型体育场馆进行投资建设的效益问题。很多专家学者一致认为，对大型体育场馆进行投资建设能够带来明显的社会效益，而与财政投资相比而言，大型体育场馆的投资建设并不会带来十分显著的经济效益，但不可否认，投资大型体育场馆建设必然会带来经济效益。下面主要就大型体育场馆建设的突出效益进行阐述。

1. 经济收益。一个城市和地区举办高水平的大型体育赛事，不但可以吸引很多投资，而且还能够刺激消费，为地方经济的发展注入新的活力。这些都是大型体育赛事带来的经济效益的直接体现。除此之外，政府与企业作为体育场馆建设的投资主体，更希望该举措可以在本市或本地区产生良好的正外部经济效应，其具体体现在以下两个方面：

（1）促进良好城市形象的树立和知名度的提高，对外来投资和游客产生巨大的吸引力，从而促进体育旅游产业、体育用品产业等相关产业的

发展。

（2）促进本地区就业机会的增加，对本地经济的发展产生强有力的刺激作用。

2. 社会效益。进行大型体育场馆建设必须投入巨额的资金，因此体育场馆经营者必须谨记为大众提供服务与便利，从而服务于社会，所以，为城市或地区的民众服务也是政府对大型体育场馆进行投资兴建的一个重要目的。具体来说，大型体育场馆建设的社会效益主要体现在以下几个方面：

（1）促使城市居民荣誉感和对城市认同感的提升。一般来说，兴建大型体育场馆，并在此举办大型体育赛事，有利于提升本地区人民的荣誉感。特别是对于发展中国家和中小型城市来说，倘若有机会对大型体育赛事加以举办，并可以得到政府的帮助对赛事举办地——现代化大型体育场馆进行建设，“先进国家”“一流城市”“国际大都会”等荣誉感就会在本地人民心中油然而生，从而形成一种认同感，这种荣誉感会使人民产生自豪感，因而对本地人民自信心和归属感的提升具有巨大的促进作用。而且，居民如何评价地方政府或中央政府的能力，有时也会受到这种认同感与自豪感的影响。所以，对于承办大型体育赛事、修建大型体育场馆，各个国家和地方都极为重视。

（2）维护城市社会稳定，促进社会和谐发展。在大型体育赛事的举办过程中，体育赛事是人们普遍关注的重点，社会中一些不稳定的因素在这一时期会因为人们注意力的转移而逐渐减少，有利于促进社会的稳定发展。与此同时，修建大型体育场馆、举办大型体育比赛对促进社会的团结与安定，特别是各民族的团结也具有积极的影响。

（3）促进人的全面发展。大型体育场馆的建设和高水平体育赛事的举办，能够使城市或地区人民对高水平体育赛事加以观赏的需求得到满足，可以促进大众休闲娱乐生活的不断丰富。与此同时，高水平体育赛事的举办还能够促进本地居民体育健身与休闲观念的增强，从而使其更加积极主动地进行体育锻炼，参与休闲娱乐活动，这对于体育产业的发展也有积极的推动作用。例如，上海对 F1 赛场、国际网球中心等大力兴建，并对国际大赛加以举办，积极促进了当地居民体育健身与娱乐意识的树立与增强，促进了人民文化生活水平的提高。

3. 环保效益、可持续发展效益。最初，我国在大型体育场馆的修建中，对单体建设较为重视，后来逐渐转变为对体育中心、体育公园、奥林匹克公园等大型体育场馆建设的重视。城市居民的物质生活水平提高后，体育需求和对高质量生活的需求会逐渐提升，为了满足其更高层次的体育需要、实现高质量的生活方式，政府开始兴建体育公园，可见，体育公园的出现具有一定的必然性。现在，很多国家都十分重视体育公园的建设，对美丽的风景进行再创新，将体育活动与自然环境有机融合是体育公园建设的布局基础。

（二）大型体育场馆建设的价值取向

赛后的综合利用是大型体育场馆建设的基本价值取向，具体体现在以下几个方面：

1. 大型体育场馆合一的新思想。以往在建设体育场馆时，基本上都是独立建立，各个场馆之间缺乏联系性，这样不仅浪费了土地与经济资源，还缺乏一定的实用性。对此，我们要树立场馆合一的新思想，即建设体育场和体育馆时，要将两者建在一起，这样有利于共享体育资源。倘若在建设中可以妥善地调配贵宾室、运动员休息室、媒体中心、信息控制中心、卫生服务设施等，就能够节省资源，使重复建设的问题得到避免。场馆合一并不单纯指将体育场和体育馆建在一起，更进一步而言，要想促进规模效应的形成，就需要将多个设施建在一起，如体育馆、体育场、训练馆、游泳馆等。

2. 有效利用大型体育场馆看台下空间。在大型体育场馆的修建中，看台下空间占整个体育建筑面积的一半以上，因此要将这部分的建设重点关注起来。实际上，看台下空间也是赛后的场馆利用中最重要的部分。当前，体育与休闲、娱乐、旅游、文化等的联系越来越密切，大型体育场馆主空间的多功能建设还难以使场馆本身的收支平衡得到满足，真正的多功能需要利用辅助空间才能实现，看台下空间就是场馆中最重要的辅助空间。上海体育场的形状是圆环状，在二层疏散平台下，有网吧、餐饮及专卖店等许多小型商业设施，这就是对看台下空间进行了充分的利用。在体育场的收入来源中，这些空间的出租费用就占了很重要的一部分。目前，我国有很多大型体育场馆都可以容纳大量的观众，广州奥林匹克体育场就是其中之一，但在建设过程中没有对看台下空间进行合理设计，空间高度有限，因此很难对其进行充分的多元利用，最终导致难以对农产品展、车展等的主办方构成强有力的吸引。

3. 与城市发展相协调。总体来看，建设体育场馆需要考虑大环境，要积极促进场馆建设与环境发展的良性互动及整体优化的实现。然而，现阶段很多地区的场馆设施规划仍没有与地区发展形成良好的互动，还存在很严重的贪大求全观点及盲目扩建现象。例如，东北某省会对大型体育会展中心进行建设后，因为选址不合理、配套设施不完善，整体建设的规划缺乏科学性，因此虽然投入了巨大的资金，却依然难以在此对高水平的大型体育比赛进行举办。

总的来说，建设大型体育场馆时，必须清楚地认识到要充分结合本地区的发展远景，可以有超前的观念，但要注意根本性、目的性和时效性。

二、大型体育场馆建设的原则与要求

（一）大型体育场馆建设的原则

当前，建设大型体育场馆需要坚持以下原则，以将大型体育场馆建设的理念和价值充分体现出来。

1. 功能性原则。大型体育场馆建设需要遵循功能性原则，具体体现在以下两方面：首先，大型体育场馆在赛时是重要的比赛场馆，因此应使比赛使用的各项功能要求得到满足。其次，大型体育场馆在赛后是城市和地区人民健身、娱乐的体育中心，因此应使体育多功能使用要求和体育场馆的产业化发展需要得到满足。

2. 安全性原则。建设大型体育场馆要确保安全，具体从以下三个方面加以注意：首先，对大型体育场馆使用者的安全予以充分的考虑，对科学的防灾系统加以采用；其次，对明确、便捷、合理、通畅的疏散流线进行规划；最后，将科学的维护与管理工作重视起来，全面建设安全防护设施。

3. 经济性原则。首先，对整个体育场馆的现代化和运营管理的科学化进行充分的考虑，尽可能促进建设投资和运营成本的经济及合理。其次，进行合理的布局，以使赛后改建时能够减少投资。再次，对节能型的机械设备及系统加以选用，在外墙用材的选用方面要重点注意其热工性能，以实现节能。最后，科学进行结构选型，确保选型的合理化，从而统一体育场馆建设的经济性与先进性。

4. 标志性原则。在大型体育场馆的建设中，应注意不同运动项目的精神文化内涵、现代城市人文环境的造型理念以及体育建筑空间的表现力等都应该在场馆的设计中得到充分的展现。

5. 舒适性原则。首先，严格贯彻大型体育场馆建设的设计理念，具体体现在人文、绿色、舒适、科技等方面。其次，采取科学的建筑手段来促进体育场馆同城市环境特别是周边环境的和谐。最后，对自然采光加以充分的利用，对先进的通风系统加以选用，从而对舒适宜人的场馆环境加以营造。

（二）大型体育场馆建设的要求

建设大型体育场馆，需要满足如下几方面的要求：

1. 勤俭节约。发展体育事业，必然离不开一定的物质基础，即体育设施。完善的体育设施可以强有力地推动我国体育事业的发展。近些年，我国大型体育场馆的建设呈现出快速发展的趋势，北京奥运会、广州亚运会、深圳大运会、全运会等大型体育赛事的举办更是全面推动了体育场馆的建设。我国各级地方政府都积极投入了大量的资金来致力于大型体育场馆的建设，但各主管部门需要重点注意的是：怎样对有限的建设资金进行充分且合理的利用，如何使大型体育场馆的使用功能得到最大化的发挥，如何在规划、设计、建设、管理等方面来促进工程造价的降低。另外，政府部门还要注意加强对现有体育场馆的充分利用，使尽可能使重复建设的问题得到避免，同时注意场馆建设的实用性与时效性。

2. 注重体育场馆的多功能化。“一场馆当几场馆用”就是体育场馆的多功能化。要实现体育场馆的多功能化，就要在单个场馆的建设中增加投资，但这并不是浪费，而是使场馆建设总量得到减少，从而起到节约土地及资源的作用。

3. 充分考虑场馆的赛后利用。体育场馆建设的投资方和业主都十分重视与关心场馆建设的设计问题，这主要是因为在体育场馆的产业化运营中，设计问题逐渐成为前提与基础。目前，大多数大型体育场馆在经营方面面临的问题都是由设计引起的，即在场馆建设的设计中，只对设施的体育训练与竞赛功能进行了考虑，没有将多功能使用和赛后利用重视起来，因此没有对足够的空间进行合理设计。

当前，世界各国的体育场馆建设中，设计理念不断更新，即对场馆的综合利用更加重视，对场馆的后期运营、维护与管理予以充分的考虑，全面重视场馆的赛后产业化运作。许多体育场馆虽然只具有简单的外表及平淡的内部装修，但却有很大的便捷性与实用性，而且在建设过程中，就考虑到了多功能利用问题，因此对一定的设施条件与空间进行了预留。

4. 重视体育工艺设计。大型体育场馆的建设与普通的民用建筑的建设不同，其具有很突出的标准性、专业性，不仅要使各项体育比赛规则对场地的要求得到满足，而且还要在专业领域做到统筹，如音响、灯光、计时记分、电视转播等方面，这些方面的内容都在体育工艺的范畴内。但就目前来说，由于我国的体育工艺设计机构很少，而且场馆建设的管理者对此缺乏一定的了解和认识，因此建好的体育场馆很难使体育功能要求得到满足，这就导致了比赛举办过程中一些问题的出现，而且也造成了严重的浪费。

第二节　体育场馆惠民措施推动全民健身事业发展

一、体育场馆收费过高对全民健身的阻碍

全民健身是我国的一项基本国策，但在一些大中城市，公共体育场馆收费过高，仍是阻碍许多人运动起来的一个问题。

其实早在1995年4月25日，国家体委发布的《关于公共体育场馆向群众开放的通知》就明确提出，在搞好社会效益的前提下，现有公共体育场馆原则上应免费向群众开放。任何单位和个人不得改变体育场馆的体育运动功能，影响公共体育场馆向群众开放。

2009年8月19日，国务院公布的《中华人民共和国全民健身条例》规定，公共体育设施应当在全民健身日向公众免费开放，且国家鼓励其他各类体育设施在全民健身日向公众免费开放。

然而，据《京华时报》报道，就在2010年8月8日，《全民健身条例》正式实施后的第一个全民健身日之际，当多名市民计划趁着体育馆免费开放的时机享受健身假日时，却没料到多家体育馆仍照常收费。对此，北京市体育局工作人员解释称，对于公共体育场馆的主场馆，政府鼓励并动员其向公众免费开放，但最终决定权还是归公共体育场馆管理者，国家并未强制其进行免费开放。

中国消费者网2010年报道称，在对成都市市民的投诉进行深入调查后发现，当地一些篮球场改建后由免费变收费，但无明确的收费标准。面对市民的质疑，相关负责人回应，当地公共体育场馆收费由市场调节。

如果没有群众的广泛参与，公共体育场馆的社会效益就是一句空话。耗费巨资的体育场馆必须放下身段，最大限度服务更多的人群，实现最大的社会效益。

二、体育场馆惠民措施实例

（一）杭州推出体育场馆惠民十条

杭州市运保指挥部办公室会同市体育局，在总结杭州市前一阶段亚运场馆和其他体育场馆开放实践经验的基础上，制定了《杭州市体育场馆惠民十条》（以下简称《惠民十条》），更好地提高了亚运场馆综合利用水平。这十项惠民措施主要涉及亚运场馆惠民、低价免费惠民、赛事活动惠民、公益培训惠民、专业运动惠民、文体融合惠民、体商融合惠民、体育消费惠民、健身场地惠民、数字平台惠民十个方面的内容。

其中，根据《惠民十条》，原则上所有亚运场馆向社会惠民开放，同时统筹推动亚运场馆综合利用和惠民开放，保障市民群众共享亚运红利。目前，已有37个亚运场馆可以通过浙里办App的“亚运场馆在线”预约，场馆开放信息以场馆公告为准。此外，在低价免费惠民方面，亚运场馆和公共体育场馆要立足公共属性制定低免开放方案；实施迎亚运“万片全民健身场地低免开放行动”，带动全市各类场馆延长服务时间，提高服务质量。

《惠民十条》提出，以亚运场馆测试赛和公共体育场馆赛事活动为牵引，承办高水平专业体育赛事；实施迎亚运“万场全民健身赛事活动”，形成全市赛事惠民服务体系，为市民提供便捷观赛参赛服务。另外，在公益培训惠民方面，依托亚运场馆，发挥社会专业力量，开展各类公益体育培训；开展迎亚运“万堂专项体育课进校园”；在专业运动惠民方面，依托专业特色亚运场馆，开展专业运动训练、专业赛事，同时培育特色运动项目，带动特色运动普及。另外，《惠民十条》明确指出，市体育局和各区县（市）根据实际发放体育消费券，引导市场主体主动让利，撬动市民体育消费需求。推进学校场地向市民开放；利用“金角银边”区域打造“10分钟健身圈”，2022年新增268处、45.6万平方米嵌入式体育场地，完成7个体育公园建设。不仅如此，《惠民十条》还提出，要建设“亚运场馆在线”惠民平台，提供体育场馆一站式便捷服务等。

（二）广西公共体育场馆免费或低收费开放

广西壮族自治区人民政府印发了《广西全民健身实施计划（2021—2025年）》（以下简称《计划》），在国务院印发的《全民健身计划（2021—2025年）》的基础上结合广西特色进行了新的延伸。《计划》对全民健身场地设施供给提出了相应措施。

广西力争实现设区市、县（市、区）、乡镇（街道）、村（社区）四级公共健身设施全覆盖的目标，设区市建有大型全民健身中心、体育场等；县（市）建有中型全民健身活动中心、体育馆等。城区、乡镇以及街道也均会建设全民健身活动中心、健身广场等设施。同时，新建居住区和社区要按室内人均建筑面积不低于0.1平方米或室外人均用地面积不低于0.3平方米标准规范配套群众健身设施，并与住宅区主体工程同步设计、同步施工、同步投入使用。此外，还将持续推动公共体育场馆免费或低收费开放，完善绩效评价及资金补助政策，更好地满足人民群众的健身和健康需求。

第三节　农村公共体育场地建设推动全民健身事业发展

一、农村公共体育场地的需求特征

（一）滞后性

1. 农民体育需求的滞后性。农民体育需求的滞后性主要表现在以下几个方面：

（1）农民体育意识具有滞后性；

（2）农民体育场地、设施、器材需要具有滞后性；

（3）农民体育消费水平具有滞后性；

（4）农民体育活动内容和技巧的滞后性。

2. 农民体育场地需求的滞后性。农民体育场地需要的滞后性是农民体育需求滞后的一个表现，也是农民体育需求滞后的多方面因素的结果。具体来说，这种对“场地”需求的“滞后”表现在以下几方面：

（1）农民对体育场地设施的需求，滞后于市场经济发展水平；

（2）农民对体育场地设施的需求，滞后于教育和文化卫生产品的供给；

（3）农民对体育场地设施的需求，滞后于城市体育场地设施的供给。

必须认识到，农民对体育场地需求的滞后与依赖，并不是农村体育发展的滞后，农村体育与城市体育的发展是同步的，农村体育发展的滞后、农民对体育场地需求的滞后是由多方面的原因（如经济因素、生产生活需求、健身需求等）导致的，这是农村体育发展的一种必然现象和规律。

（二）地域性

我国地域广阔，不同的地域之间存在较大的差异，在体育项目和体育文化方面，表现出明显的地域性特征。

农村居民的生活活动范围具有地域上的限制，不同的地域性体育运动的广泛开展，对体育场地设施的要求也不尽相同。因此，我国不同地域农村的农民在参与不同的体育运动中对体育场地的需求是不同的。民族体育和民俗体育是农村体育活动的重要内容。民族体育、民俗体育既包括开展体育活动的实物产品，也包括各种体育活动开展的非实物产品。因此，农村体育场地的地域性特征主要表现为，农村地区的民族、民间的传统体育运动项目开展的地域性特征，民族、民间体育的器材、器械的地域性特征。

要满足不同地域农民的特殊体育场地、器材的使用需求，政府应充分重视特殊地区、特色农村体育的扶植和人才培养。以我国东北地区为例，2012 年，国务院通过东北振兴“十二五”规划，启动“振兴东北”战略。2016 年，习近平总书记在两会期间，强调东北振兴应“扬长避短、扬长克短、扬长补短”，东北民族传统体育的特殊地理环境，如冰雪类项目，是我国其他地区所没有的，应重点推广。结合现阶段我国政府重新振兴东北的有利时机，重视农村体育人才培养和对外宣传，不断丰富当地发展体育所需要的特殊性体育场地，如滑冰场、滑雪场，为东北民族体育的发展奠定基础。

（三）传承性

特定地域农民受区域性传统文化、自然地理环境的影响，因此，在体育发展方面，受地区性的固定的、排他性的生活方式，体育习惯、意识，各地农村的民族、民间体育文化不同。民俗、民族体育是农村体育开展的主要内容，农民积极参与本地区的民俗、民族体育，客观上促进了当地的传统体育文化的传承，也促进了民俗、民族体育实物形式（场地、器材）的文化意义上的传承与发展。

我国广大农村地区，民俗、民族体育活动的内容与场地器材等物质形式的文化传承性特征受以下因素影响：

1. 自然地理环境是我国民族民间体育文化形成的重要生存环境基础。不同地域人的地理环境不同，在此地理环境中的生产、生活、民俗等也不同，因此，依托于各种生产生活基础上的民俗民族体育形式和所用场地器材也不同，地理环境不会改变，文化、场地的内涵和使用也会世代保持一致性。

2. 从民俗民族体育的产生和发展来看，创造主体，即各族人民的生产方式在体育运动的形成中发挥着十分重要的作用，是体育活动内容地域性特征的重要决定因素。如蒙古族的赛马、射箭，汉族的舞狮、踏青、赛龙舟等，表现出明显的地域性生产生活特色，这些体育活动所需要的体育场地也是不同的。对于地域个体或群体而言，其生产生活方式是具有传承性的，因此，由生产方式所决定的体育内容形式也具有继承、传承性。

3. 从文化角度来讲，农村文化具有流动性弱的特征，其传承仅限于家族家庭或熟人介绍，同时在向下一代的技能传授中，有着严格的家庭观念、收徒标准，因此，在广大农村地区，体育活动内容具有显著的文化传承性特征。

现代社会，受多种因素影响，我国许多农村的青年去大中城市上学、工作、定居，导致我国民间、民族传统体育传承后继无人，而这些在外谋生的青年人受其他地区文化的熏陶、影响，使本民族体育文化淡化，一些民间、民族传统体育文化传承岌岌可危，农村农民参与民俗、民族体育的文化传承性特点有所弱化。

（四）高层次性

农民对体育场地需求属于一种基于生产、生活基础之上的更高层次的发展性，属于享受性需求。马斯洛的心理需求层次理论指出，人的需求由低到高分为生理需要、安全需求、感情需求、尊重需求和自我实现的需求五个层次。低层次的需求是人最基本的需求，只有这一需求满足之后，人才会有能力、时间、精力去了解、探索和享受更高层次的需求。体育作为社会物质和精神文明发展的上层建筑，参与体育健身对于农民来说，属于较高层次的需求。

结合马斯洛需求理论，经济发展是农村社会、文化、教育发展和环境改善的前提。在农村体育的发展进程中，如果农村基础设施建设落后、农民生活水平较低，在这样的情况下，农民最为迫切（投入时间、精力、情感最多）的需要必然是生存满足型需求——提高收入水平、改善物质生活。因此，只有在农民基本的生存满足型需求得到满足后，农民才会产生较高层次的需求——体育参与的需要，才会表现出对场地设施建设的需求。

农民的需求包括生存满足型和发展满足型两种农村公共产品。具体来说，农民的生存满足型公共产品（基础）主要包括水利设施、道路、最低生活保障、医疗保险等；农民的发展满足型公共产品（基础）主要包括政治参与、义务教育、公共文化设施等。农村体育产品（体育场地设施器材等）在农民的所有公共产品需求中具有高层次特征；同时，从文化的角度来讲，农民体育参与和场地需求在农民公共文化产品需求中也表现出高层次特征。农民对公共文化服务的需求分为三类，即初级文化需求、中级文化需求、高级文化需求，农村公共体育产品属于第三类。农村体育场地之于农民需求，是高层次需求。综上分析，农村体育对于农民来说，不是生产生活中的第一需要，而是在基本物质生活满足后的一种发展性需求，是一种相对的高层次需求。

二、农村体育场地的低效使用

（一）农村体育场地布局不合理

我国体育资源短缺，一直是制约我国体育发展的一个重要因素，在这样的情况下，我国农村体育场地数量严重不足，成为长期难以改变的现实。当前，农村体育场地总体数量有限，而这些有限的体育场地分布，很多没有充分考虑本村体育发展实际，在布局方面缺乏科学性，分布不合理，没有达到提升农村居民体质的目的。体育场地低效使用，体育场地资源浪费。

对农村场地使用问题进行的专项调查可以充分说明我国农村体育场地布局不合理是一种普遍存在的现状。通过对重庆、甘肃、宁夏、青海、陕西、四川、山东、安徽 7 个省、自治区和 1 个直辖市共计 110 个行政村（社区）的调查，在有体育场地的村落中，不少场地大量闲置，或者已经废弃、破损或改为他用，场地使用效率不高。调查发现，当前我国大多数农村的体育场地主要集中建设在行政单位区域，如在村委会、村服务中心、社区服务站、派出所驻地等内部建立体育场地。这种体育场地建设存在两个问题：其一，容易产生一种误导，使农民群众认为公共体育场地是村行政人员的专属场地，农民参与积极性不高；其二，在村落居民集散分布上，距离村行政中心地近的村民居民参与体育锻炼较为方便，使用体育场地的概率较高，而部分村落居民居住较远，并不方便参与体育锻炼，对体育场地的使用率低。

（二）农村体育场地消费不足

从生产—消费的角度来看，农村公共体育场地具有以下几个基本特征：

1. 与一般消费产品的公共产品不同，农村公共体育场地属于发展性、享受性产品。

2. 农村公共体育场地不具有市场流通性，不能够根据市场变化进行区域流通。这种公共产品生产之后，基本上在固定地点消费，不轻易更换地点。

3. 农村公共体育场地没有价格进行调节，农民在使用（消费）过程中，出现供过于求的现象，不能倾销解决。

目前，我国农村地区建立的体育场地使用率不高，消费动力不足是一个主要原因和现象，即使这种消费是不需要付费的，农民也很难付出体育健身实际行动，缺乏健身动机到行为的必要转化动力。调查发现，我国农村农民的健身观念基本具备，能认识到健康的重要性，但是在主动参与体育锻炼，通过体育锻炼来促进自我健康发展方面，存在认知与行动的矛盾。我国大多数农民，还不能够将体育认知和体育行为相统一，实现体育认知的内化。对于体育健身，农民的认知仅仅停留在表面上，停留在体育场地的建设上，而真正长期坚持使用本村体育场地开展健身活动的人非常少。

此外，农村公共体育场地总体上供应不足，在此基础上，现有的体育场地又无法得到有效使用和利用，这就进一步加深了农村体育场地供求不足的矛盾。很多农村体育场地建设只作为农村体育发展的硬件评价标准，逐渐沦为摆设。

（三）农村体育文化基础不浓厚

体育事业的发展有其固定的文化作为支撑，只有体育文化发展了，体育消费才会发展，体育需求才会提高。通过调查显示：我国农村公共体育场地的使用率低下，很重要的一个原因是：农村的体育文化氛围不浓厚，没有形成良好的体育文化基础，农民没有体育锻炼健身意识①。当前，我国在农村中所扶持的体育项目，主要集中在篮球、乒乓球和健身路径上。篮球、乒乓球源于竞技体育，健身路径源于休闲体育，过多地凝聚着城市文化气息，对于在农村长期居住的农民来说，他们的健身习惯与城市居民的健身习惯不同，对体育运动场地、器材、设备等的使用需求也不尽相同。城乡体育场地、器材、设施的一体化建设还需要一个渐进的过程。以城市体育发展农村体育、以城市文化发展农村文化，还不太适宜。

---

① 秦尉富. 城市化背景下农村体育的多维分析与发展研究［M］. 北京：新华出版社，2018.

（四）农村体育场地存在安全隐患

安全是个体和群体从事体育健身锻炼的一个重要基础和前提，在任何体育环境中参与体育健身，都要重视安全。当前，我国农村的公共体育场地建设不到位，有很多体育场地被挪为他用，在体育场地上晾晒农作物、堆砌建筑材料的现象也时有发生，这些都会给在体育场地上活动的农民参与体育健身过程中增加安全隐患。此外，由于农村公共体育场地长期得不到有效的维护和修缮，场地上的器材都存在一定的安全隐患，有的村落甚至出现了篮球架断裂和腐蚀、健身路径锈蚀和断裂的现象，农民在使用场地器材的过程中，往往存在安全顾虑。

三、农村公共体育场地建设的重点

（一）满足运动健康的需求

2016 年 8 月，在全国卫生与健康大会上，习近平总书记再次强调“没有全民健康就没有全面小康”。实现建成小康社会和乡村振兴要把乡村人民的健康放在优先发展的重要位置，完善乡村公共体育场地设施建设是满足乡村人民运动健康的基础需求，提高乡村发展人民身体素质和健康水平，尤其在小康社会征程中，人民生活水平不断提高，对美好体育运动健康生活的需要尤为迫切。目前，在新冠肺炎疫情防控的背景下，加强体育锻炼，提高人们健康水平，发挥体育运动功能和作用，既能增加身体素质和提高抵抗力，又能缓解疫情下的心理压抑，有助于促进情感宣泄，缓解人们对疫情防控的心理压力和情绪焦虑，在乡村人民大众中营造良好的体育健康氛围。乡村公共体育场地设施承载了满足人民体育运动的愿望，加强公共体育场地设施建设，是乡村人民美好生活的物质基础条件，也是乡村振兴、社会昌盛、国家繁荣的重要标志之一。

（二）满足开展各类活动的需求

随着乡村振兴计划的实施，乡村体育迅速发展，完善的体育场地设施与乡村开展各类活动有着紧密关联，公共体育场地设施为乡村开展体育类、文娱类等活动提供了极大的基础保障，对乡村振兴有着重大影响，乡村公共体育场地设施不仅是人民体育锻炼的基础设施，更是促进彼此间交流、活跃村落文化、增进乡村人民感情和凝聚力的物质保证。乡村开展的体育活动和各类运动比赛都要用到体育场地设施。同时，农村举办的风俗活动、传统节日活动、农村文化活动等大型活动都需要体育场地设施作为支撑。目前，我国群众体育场地设施供给主要表现为：总量不足、主体单一、多元协同供给尚未实现、供需不平衡、配套服务不全面、结构性不平等，存在趋同化存量利用低效现象，且精细化供给尚未形成。要提高乡村体育活动数量，活跃体育氛围，需要足够的公共体育场地设施。

（三）满足乡村风貌建设的需求

公共体育场地设施建设是乡村振兴计划乡村风貌提升重要内容之一，合理规划和科学布局公共体育场地设施建设，不仅能便于人民参加体育活动，还能改变村容村貌。公共体育场地设施合理规划和科学布局与乡村山水景色有机结合，构建和美生态环境，促进人与环境和谐相处。公共体育场地设施建设对乡村风貌建设，不仅有助于提高乡村风貌和文化建设，还有助于加快当地环境的维护，促进人与自然、运动、健康和谐结合。

（四）满足带动乡村体育经济发展的需求

公共体育场地设施建设有助于体育发展，促进体育产业链助力乡村振兴，乡村振兴有利于推动体育经济发展。新时代体育产业助推乡村振兴的价值主要体现在提供适宜于农村居民需要的体育产品与服务上。加强乡村公共体育场地设施建设和完善，培育农村体育消费体育经济环境，发展乡村体育运动健身休闲产业，推动体育经济圈，补齐乡村公共体育场地设施发展短板，加快推进体育助力精准扶贫转向乡村振兴，其关系是相互促进、和谐发展、互动同向而行。加强乡村振兴建设，政策上对乡村经济建设倾斜，助力体育产业发展，通过加强乡村公共体育场地设施建设，促进乡村农产业、乡村体育产业与相关产业相融合，既能满足大众需求，又能促进和完善乡村公共体育服务体系，助力乡村体育经济和体育产业发展。

第六章

全民健身时代体育中介服务发展

第一节　全民健身公益广告推动全民健身事业发展

一、全民健身服务体系中公益与商业的协调

（一）全民健身服务体系中公益的内涵

公益意味着大家受益，一个社会中一定有一些事业是大家都需要而又很难由某个人去投资的，如道路、环境美化、饮用水供应等，因为这些受到公共资源、产权和投资规模等的限制，很难由某个个人或集体去投资并收益，因此它是由政府投资，并以服务社会为目的的。公益的特点在于它的公共服务性和非营利性，它是社会发展中必不可少的，公益事业是政府重要的责任之一，税收“取之于民、用之于民”的主要缘由就在于此。通常人们比较熟悉企业或者个人为某项事业捐款，理解他们在做公益，但事实上政府才是做社会公益的主角。社会上为大众提供的、不以营利为目的的种种投资都是政府的公益性投资。公益投资规模和水平反映着社会的发达和文明程度。从公众的角度看，社会上有多少可免费享受的公益活动反映着社会文明发达的进程。除了经济发展水平的限制，政府的公益意识是决定公益投资规模的重要因素。所以，党的十九大提出要把人们对美好生活的追求作为今后政府的奋斗目标，这在一定程度上可以预测未来我国在社会公益方面的投资将会大大提高，因为经济快速发展给人民带来物质方面的满足之后，许多精神方面和社会生活方面的需求将会快速增长，成为未来国家发展的关注点。

社会公益事业是一个相当庞大的系统工程，单靠政府投资是不够的，对于公益项目的管理也不能单靠政府，因此，公益事业在一定程度上离不开企业的参与，公益性不代表零利润。发达国家有许多民间的公益组织，他们在服务过程中会收取一定的费用，但这部分收费将用于人员工资和项

目运作的成本，投资方不赚取项目成本以外的利润。例如，加拿大有一个规模很大的公益组织，他们在全国各地开设了二手商品连锁店 Value Village，其销售的商品全部来自人们的捐赠，包括家具、服装、生活用品、旧电器、儿童玩具等，他们把这些物品进行清洁、消毒、整理，然后低价销售。这样既促进了一日物品的回收利用，为消费者节约了资金，又倡导了社会勤俭节约之风，可谓社会效益和经济效益的双赢。这是公益事业企业化运作的典型案例。其实在西方国家这样的商业化公益项目有许多，其原则就是扣除成本之后的利润要上交国家，由国家有关部门组织再投入社会公益事业当中。社会公益事业的健康发展，一要靠政府的公益意识和足够的投入；二要靠公益管理法律和制度；三要靠社会爱心，这三者缺一不可。人们往往有一种习惯，一谈到公益就与社会爱心人士联系起来，似乎公益就是由爱心人士支撑起来的事业，其实政府的公益投资和相关法律法规才是推动公益事业发展更重要的保障。

（二）全民健身服务体系中政府与企业的责任与利益

全民健身服务体系属于公共服务体系的范畴，同时它又是健康保障体系的一部分，也就是说它既有社会公益的属性，又具有商业的属性，因为健康保障体系中包含了商业的成分，是健康产业的一部分。一般认为，健康保障体系是完全的政府公益事业，不应该有商业的成分包含其中。但事实上，政府公益与商业是很难完全划清界限的，明智的做法就是在公共健康保障体系构建中分清政府与企业的责任与义务，各司其职，以保障体系的健康运作。可以说，公共服务体系和健康保障体系的性质决定了全民健身服务体系的公益与商业的双重属性。这也提醒人们，在全民健身服务体系构建中，政府不仅要关注公益的部分，而且也要关注和管理商业的部分。例如，政府投资兴建了一个公共足球场供大众从事足球运动，这是政府的公益性投入，然而人们从事足球运动需要买相关的运动鞋、运动服、足球等，这部分的商业行为也需要政府严格管理，监督厂家生产出合格的足球鞋、足球等，以保证大众在从事足球运动过程中不至于因足球或者鞋不合格而受伤或造成慢性损伤。对于一些生产户外运动器材、服装、设备的厂商更应严格管理，否则就可能造成严重后果甚至危及生命。反过来，根据体育产业的规模和生产总值，政府可以估计到从事运动健身的人群数量，从而来推算政府应该兴建多少运动场馆。保持体育产业规模和公益性运动场地数量之间的平衡是保证大众运动健身和体育产业健康发展的关键，从某种角度来讲，政府在全民健身服务体系构建中的投资规模将直接影响体育产业发展的活力和前景。虽然政府没有从运动健身基础设施投资上获得直接收益，但体育产业的发展显然可以增加政府税收，因而可以是政府投资获得的间接回报。以美国和加拿大为例，北美国家的运动健康事业可谓全球最发达的，原因就在于政府在运动健身基础设施方面投入巨大，在美国和加拿大，政府修建了大量的徒步步道、设定攀岩岩壁、评估并管理漂流河道等。此外，根据人口数量和居住密度，在一定单位面积的居民区修建足球场、网球场、篮球场、游泳池、休闲公园等供居民免费使用。这些运动休闲健身场所除了修建，还有日常管理和维护，而这些都是由政府无偿投入的。也恰恰是这些运动健身的基础设施使大众有地方去健身、娱乐，从而刺激他们去消费体育运动产品，因此而拉动体育产业成为国家的支柱性产业。其实政府在全民健身方面的公益投入虽然没有直接获利，但它带来的经济效益可以体现在其他很多方面，其中一方面就是它节省了政府公共医疗的开支。美国学者研究发现，政府在公共运动健康方面平均每人投入 10 美元，那么一年就可节约公共医疗费用 2.8 亿美元，而连续 5 年每人 10 美元投入，则可累计节省公共医疗费用达 16 亿美元，可见其长期收益更是可观的。

既然全民健身服务体系既有公益的成分，又有商业的成分，那么在构建过程中就应当分清哪些是企业涉足的部分，哪些是由政府投资、管理的。以加拿大公共健康体系管理为例，在一定程度上了解西方国家是如何处理政府与企业的这种关系的。在加拿大，所有涉及土地、森林、湖泊等国家资源的运动休闲健身场所都由政府投资并管理，加拿大有无数个国家公园、省立公园，根据公园的地形地貌，国家有限地修建和开放运动健身活动场所，并规定哪些地方可以从事山地自行车，哪些地方可以从事攀岩，哪个湖泊可以进行划船或垂钓，哪些地方可以进行徒步运动等。在这方面，随便进入一个国家公园的网站便可了解一斑。而涉及运动产品的生产、销售等则由企业来进行商业运作。每个社区都有运动健身中心，基本配置了健身器材、室内游泳池、篮球馆、羽毛球馆等，这些都象征性地收取费用，同时还有很多室外露天的游泳池、足球场、棒球场等，所有露天的场地是完全免费的。与此同时，也有许多商业的健身房，其收费标准比社区运动中心高一些，但他们为自己的高收费必须提供理由，如配备私人教练、提供免费课程等。社区健身中心是调节商业性健身中心收费的重要环节，保证了全民健身的公益大方向不变。

二、全民健身公益广告实例

（一）“全民健身日”公益广告

“全民健身日”是为了纪念北京成功举办奥运会，也是为了倡导人民群众更广泛地参加体育健身运动而设立的。经国务院批准，从2009年起，每年8月8日为“全民健身日”。

2009年10月1日起施行的《全民健身条例》第十二条中规定，应当在“全民健身日”当日加强全民健身宣传，积极组织和参与全民健身活动，组织开展免费健身指导服务，向公众免费开放公共体育设施。

1. “全民健身日”标志。“全民健身日”标志以8月8日中的两个“8”作为主体，巧妙组合出两个迎着朝阳、昂扬向上、充满朝气、极富动感和现代感的健身男女图形，不仅具有直观垂范的效果，更能传递出全民健身人人参与、人人受益，天天健身、天天快乐的健身理念。作品表达了全民健身的意向，图案简洁、活泼、明了，线条干净，极具运动感、现代感，既具有中国特色，又易于传播（见图6-1）。

2. “全民健身日”主题歌曲。2011年8月2日，在全国第三个“全民健身日”之前，国家体育总局在北京揭晓了全民健身主题歌曲征集评选活动的获奖歌曲，由李劭晟创作的《奔跑的虹》最终获奖。

3. 历届“全民健身日”主题口号。

2009年：“天天健身，天天快乐”“好体魄，好生活”“全民健身，你我同行”

图6－1　“全民健身日”logo

2010年：“我运动，我快乐，我健康，我幸福，全民健身志愿服务大行动”

2011年：“每天锻炼一小时”

2012年：“每天锻炼一小时，健康生活一辈子”

2013年：“全民健身，你我同行”

2014年：“全民健身促健康，同心共筑中国梦”

2015年：“全民健身促健康，同心共筑中国梦”

2016年：“全民健身促健康，同心共筑中国梦”“我就是冠军”

2017年：“健身每一天，喜迎十九大”

2018年：“新时代全民健身动起来”

2019年：“健康中国，你我同行”

2020年：“推动全民健身，助力全面小康”

2021年：“全民健身与奥运同行”

（二）全民健身系列公益广告片

由国家体育总局武术管理中心推荐的北京市海淀区太极拳协会代表队，积极参加国家体育总局群众体育司与人民网·人民健康联合制作的“全民健身系列公益广告”拍摄。全民健身系列公益广告片于2022年8月8日在中央电视台发布。

“全民健身系列公益广告”以普及全民健身文化为宗旨，向群众传达了全民健身文化的精要内容，强调了全民健身的重要意义。2022年7月中旬，海太队员在奥林匹克森林公园进行了太极拳、少林拳、太极扇、太极推手和太极剑等项目的展示。

第二节　社区体育服务站推动全民健身事业发展

一、社区体育服务站的框架

建立一个与社区发展相匹配的社区体育指导站，已经成为社区体育发展的主要任务。而构建具有明确功能定位的、可操作的社区体育指导部门是模式的主要任务。根据以服务为宗旨，以资源和经费投入为条件的发展思路，将社区体育指导站确定为包括保障部、人才部、体质监测部、网络服务部及资源交流部这 5 类 11 项构成的社区体育指导站模式框架，并依据当前的实际情况，确定每个部门的工作内容。

（一）体育保障部

1. 场地设施。场地设施是社区居民参与体育活动的前提条件之一。保障部应安排专门的人员负责场地设施，以满足居民的活动需要，并对体育场地和设施进行管理和维护，明确开放性质并计划好开放时间。社区、单位和学校的体育场地设施应采用资源共享的方式进行运转。目前，社区体育场地的设施非常欠缺，很难满足居民的健身需要，这就需要保障部的场地负责人员和其他社区、学校及单位的体育场馆负责同志保持长期的联系，在不影响正常工作和教学的前提下对居民免费开放。

2. 经费投入。目前，社区体育经费的来源主要有两种渠道：一是政府拨款；二是街道、社区自筹。政府拨款主要用于大型社区体育场地的发展、基础设施以及各种体育竞赛活动的组织和管理；自筹经费除了用于健身点和小型室内活动场所的建设补充之外，主要用于购买小型的体育运动健身器械。但是，由于各级领导把主要精力和经费投入用于抓各区的经济建设上，忽视了社区群众在体育上的需要，因此在社区体育经费的投入上表现出了可有可无的思想，很少想办法来增加社区体育经费的投入。同时，对社区体育经费的投入也未能有计划、规范化地进行，从而导致社区体育经费投入量不足。当今，体育赞助已经变成了体育比赛、体育活动经费的主要来源。保障部可根据各个社区自身的特点去寻求赞助，如老年人比较多的社区，保障部负责人员可以去寻求生产老年医疗器材的企业赞助，这样既取得了活动的经费，又让赞助商做了广告。

（二）人才部

1. 体育指导员。社区居民从事锻炼一直具有盲目性，缺乏锻炼过程中的科学性，有了社会体育指导员，就可以让社会体育指导员来帮助他们实施科学的身体锻炼，使社会体育锻炼科学化。社会体育指导员的职责是使人们掌握体育锻炼方法，学会科学锻炼；负责体育保健指导，医务监督，体质评价，并以科学的理论方法指导大众锻炼；制定体育锻炼计划；负责群众体育研究、健康管理等。实现社会体育科学化，社会体育指导员的数量和质量至关重要，社区体育指导站的建立将对社会体育指导员提出更高的要求，社会体育指导员将是社会体育发展的中坚和骨干力量。

2. 专家成员。专家成员是由健身专家、营养学专家、生理学和心理学专家等组成的一个团队。专家应根据居民的需要不定期地开展工作，如举办健身知识讲座、运动处方的制定等。专家应根据每个居民的自身特点，合理地制定健身计划和运动处方，使社区居民科学地、合理地进行锻炼。

（三）体质监测部

1. 体质监测。定期或不定期地在社区范围内对40—69周岁的居民的体质进行监测。监测的项目包含身体形态、身体机能及身体素质等方面的测试、数据分析与研究，目的在于长期动态观察和分析居民体质的状况和变化规律，为推动全民健身计划的实施提供科学依据，也为国家经济建设和社会发展提供服务。

2. 体质评估。根据居民测试的结果，进行科学的分析，分析指标的评价标准可依据国家体育总局等10个部门联合颁布的《国民体质测定标准》。将居民测试评估的结果提供给体育指导员和专家人员，作为他们指导社区居民进行健身活动的理论依据。

（四）网络服务部

互联网作为新型的交流通路，被认为是“便利通道”。其最大特点是不受任何时间与地域的限制，交互性强。社区指导站可以利用网络让居民在网站建立个人电子健康档案，提供在线评估、专家咨询和在线辅导服务。根据评估报告给予互动的个性化指导，进行行为矫正及改善建议。

（五）资源交流部

资源交流部负责周边社区、单位、学校之间的体育资源信息交流，并负责让居民均可以进入其中的任何区域，可以无偿或低偿使用该区域内的体育设施，该区域内的体育资源可以达到资源完全共享。目前，社区周围的学校众多，尤其是中小学校，他们有着资源丰富的体育场馆，为体育指导站的建立提供了资源保证。

二、社区体育服务站实例

（一）贝壳中国·社区跑

2019 年 9 月 15 日，由中国田径协会主办、贝壳找房冠名的 2019“贝壳中国·社区跑”首站 5 公里城市赛在武汉（楼盘）拉开帷幕，随后城市赛以及社区跑步训练营也在全国数十个城市展开，继续号召大家“练习跑步，从家开始”，打造最简单便捷跑步体验，倡导全民健康生活。而从 9 月 12 日起，贝壳找房合作品牌的 3000 家门店经田协授权，成为这一届“贝壳中国社区跑”示范服务站，提供社区跑报名、装备领取、赛事咨询、赛前训练等服务。同时，延续一直以来的深耕社区、服务社区理念，贝壳找房全国范围内的 2.8 万家入驻门店也全面升级为社区体育服务站，在原有的免费上网、充电、休息、打印等便民服务外，还为社区居民日常运动免费提供物品寄存、饮水休息、应急医疗等服务，为全民运动、全民健康提供了便捷服务。

（二）重庆市江北区“全民健身社区体育服务站”

2020 年 12 月 17 日，重庆市江北区首个政府试点的“全民健身服务站”——“17 健身”北滨驿站店正式开业，全面投入使用，获得了市民好评。“17 健身”北滨驿站店是江北区体育局、北滨办与海派大健康集团旗下“17 健身”联合打造的全民健身服务试点项目，承载着体育人推广全民健身事业的美好期望，不仅为广大市民和游客打造了一个网红运动打卡点，更重要的是为百姓们提供了一个锻炼健身的平台。据悉，“17 健身”是海派大健康集团于 2017 年创立的品牌，17 谐音“一起”，寓意带动社区邻里一起健身，同时带动员工一起合伙经营，打造一起创业的健康产业平台。“17 健身”北滨驿站店是在江北区政府、江北区体育局的大力支持下，海派大健康集团与政府部门联合推出的一个惠民的智慧健身平台。它不仅具备“17 健身”的所有属性，还拥有一线江景视野的独特优势，同时特设早上 6 点至 10 点免费向市民开放时段和低价按次付费的时段，致力于成为公益性的运动网红打卡点，切实将全民健身落到实处。

第三节　体育票务平台发展推动全民健身事业发展

一、第十四届全国运动会官方票务服务助推全民健身

2021 年 8 月 8 日，在全民健身日到来之际，第十四届全国运动会官方票务网站（https：//tickets. 2021shaanxi. com）及官方微信小程序（微信搜索“十四运官方票务”）正式上线，并面向公众开启注册通道，体育比赛门票票样发布，标志着第十四届全运会体育比赛门票销售全面启动。公众可登录官方票务网站及官方微信小程序进行注册，开启第十四届全运会观赛之旅的第一步。按照第十四届全运会票务工作计划，8 月中旬开始，官方票务网站及官方微信小程序陆续面向公众销售体育比赛门票。

为满足不同公众群体的多样化需求，第十四届全运会除提供官方票务网站及官方微信小程序以外，还在全国设置了 100 家门票代售网点，公众可持有效身份证件前往门票代售网点购买第十四届全运会体育比赛门票。

代售网点于 8 月中旬全部开放，公众可通过官方票务网站及官方微信小程序查询门票代售网点相关信息。此外，第十四届全运会组委会还将于赛时在比赛场馆附近设置现场售票亭（赛前一天开放），公众可直接于比赛场馆进行实时购票。

第十四届全运会体育比赛门票票样同步进行发布，门票艺术设计方面将十四运会主题色彩与运动造型进行了巧妙结合，充分表达了“全民全运，同心同行”的第十四届全运会主题；门票防伪选型方面按照多层次、多级别的原则，将多重防伪技术进行组合运用，充分保障了第十四届全运会门票防伪的安全。

二、我国知名的体育票务平台——大麦体育

作为第十四届全运会票务系统及现场服务运营商的大麦，依托其领先的技术水平和服务经验，使全运会在票务销售、现场服务等环节稳定而高效。因为紧挨着东京奥运会，第十四届全运会的热度非凡。观众为了目睹全红婵、苏炳添等奥运人气运动员的赛场风采，不论是线上线下，再掀体育观赛热潮。这种热度某种程度上给票务服务提出了新的要求，既要保证票务销售的平稳有序，又要兼顾防疫安全，保证观众安心观演。6 月中旬大麦确定中标全运会票务系统及现场服务商，8 月 8 日全运会售票官网正式对公众开放注册，从搭建售票网站、小程序，到交付给全运会组委会做测试验收，只有不到一个月的时间，可谓相当紧迫。接手全运会票务官网研发工作后，留给技术研发的时间非常有限。为了确保票务万无一失，赛前一方面对整体系统做了大量的流量压力测试，扩容系统，并模拟观众抢票情况，以此确保系统在整个购票销售链路中都能够承载很高的流量。针对某些时段的热门比赛场次，都有热度和流量预估，为观众购票做技术保障。对于在购票过程中可能出现的系统问题，也提前准备好了应急预案。事实上，在大型赛事开启售票后，在几秒钟的时间里，几十万观众进入购票页面选票以及下单的操作过程，对于系统的压力是非常大的。并且还得处理同一个时间数万观众选择同一个座位的情况，如果系统不稳定，技术

不过硬，就会出现非常大的问题。所以类似全运会这样的大型综合性赛事，对团队的技术能力和系统的安全性要求极高。据悉此次全运会票务系统工程建设是由大麦旗下麦座来完成的。麦座是一套多租户 SaaS 商家经营管理系统，服务剧院、体育、游展、演唱会等多个品类，拥有国家等级保护三级认证，具备高防 DDOS、防机刷、防黄牛等多重安全保障机制，可以支撑十万级的用户同时在线，曾承接过男篮世界杯、世界军人运动会等大型赛事。田径比赛百米的半决赛、决赛等热门项目一票难求，男篮 U22 决赛、乒乓球、女排成年组这些热门项目门票上架 5 分钟内即售空。不少观众表示，全运会比赛票务实名制的落地，帮助他们更为安全快速高效地现场观赛。在此基础上，大麦方面还升级了 PDA 的身份证读取能力，除了居民身份证，还增加了护照等证件的读取能力，方便各地观众都可以在现场观赛。由此可见，大麦通过多年的赛事服务，在技术上已经走向成熟。这也让体育赛事行业在数字化进程中实现了规范化管理，并探索出新的增量，这可能是大麦的一小步，但却是体育赛事服务数字化规范化的一大步。

我们可以看到，数字化带来的赛事服务升级，是大麦一直推行实名制与无纸化的深层考量，也是整个体育赛事行业万千从业者需要共同实践与革新的。扎实的技术水平和服务经验，大麦不仅支撑起全运会的票务服务工作，还通过服务综合性赛事的过程，逐步建立起体育赛事票务系统的标准化产品体系，为推动票务系统的标准化建设以及服务更多体育赛事积累了经验。

第七章

全民健身时代体育教育与培训服务发展

第一节　学校体育教育推动全民健身事业发展

一、学校体育是促进学生健康发展的重要途径

（一）学校体育的健身功能

首先，促进学生生长发育。儿童时期和青少年时期正处于生长发育的关键时期，身体的可塑性比较大。大量实践和研究证明，经常参加体育锻炼对学生养成正确的身体姿势，形成正确的坐、立、行姿态，促进有机体的生长发育具有重要作用。经常参加体育锻炼，一方面可以促进学生骨组织的血液循环，使骨密质增厚，骨骼变粗，增强骨骼的坚固性、抗弯、抗断和耐压的性能；另一方面还可以促进骨骼生长，对学生身高的增长有积极意义。

其次，提高学生有机体的机能水平。体育锻炼可有效地提高学生有机体的机能水平。例如，体育锻炼可以有效促进学生呼吸系统的发育，提高功能水平。运动时，肌肉活动产生的二氧化碳刺激呼吸中枢，使呼吸加快、加深，促进二氧化碳排出和氧气吸入，使呼吸肌发达，呼吸深度、肺通气量和肺活量等显著增加，提高上呼吸道抵抗疾病的能力。

再次，提高学生身体素质和身体基本活动能力。身体素质是人体在运动、劳动和日常活动中，在中枢神经系统调解下，各器官系统功能的综合表现，如速度、力量、耐力、灵敏、协调、平衡、柔韧等素质。身体基本活动能力是指维持人体生存所必需的基本活动技能，如走、跑、跳、投、攀登、爬越、支撑、负重等。随着现代生活方式和工作方式的改变，人们在日常生活和工作中“运动不足”的现象非常普遍，导致现代文明病的广泛蔓延，对现代人的身体健康造成了一定的威胁。因此，提高学生身体素质和加强身体基本活动能力的锻炼，养成良好的锻炼习惯，是预防现代文

明病的最佳途径。

最后，增强学生对外界环境的适应能力和对疾病的抵抗能力。外界环境主要包括人类生存的自然环境和社会环境，是一个非常复杂的系统。人的一生要面临各种自然环境的变化，特别是一些恶劣的自然环境，如寒冷、高温、缺氧、饥饿等，不可避免地使人的生命和健康受到影响，人体各器官、系统必须随着环境的变化作出相应的调整以适应外界环境，使机体与外界环境保持平衡状态。经常参加体育锻炼可以增强学生对外界环境变化进行自我调节的能力，从而增强对疾病的抵抗能力。

（二）学校体育的其他功能

1. 德育功能。首先，在学校体育教育过程中包含德育的内容，“公平竞争、团结协作、坚持不懈、顽强拼搏”等优秀体育精神本身就是对学生进行德育的重要内容。

其次，学校体育有助于学生形成良好的道德品质和行为。学校体育有助于培养学生的集体主义和社会道德意识，如责任感和荣誉感、公平意识、自觉遵循规则的意识、尊重他人的意识以及民主意识等。因为学校体育可以营造良好的特殊环境，在特殊的体育环境中对学生进行德育，使学生的道德意识逐渐强化，最后内化为道德行为。

2. 智育功能。智力是指一个人认识客观事物和解决实际问题的能力，智力的发展水平受遗传和环境的影响，同时也和学校体育环境有着密切的关系。

首先，学校体育可以增强大脑的工作能力，为学生的智力发展奠定良好的物质基础。

其次，学校体育促进学生的神经系统发育，提高神经系统协调性，提高学生的思维能力，全面提高智力水平。

最后，学校体育促进学生的感知能力发展。感知能力的提高也是大脑智力水平提高的一种体现，很多体育项目如排球、篮球、网球、跳远、跳高、体操等都可以提高大脑的感知能力。总之，青少年阶段是人的智力发育、发展的关键时期，学校体育对学生的智力发展起着非常关键的作用。

3. 美育功能。首先，通过各项学校体育活动，潜移默化或有目的地培养学生正确的审美意识，提高学生感受美、鉴赏美、表现美和创造美的能力。例如，健美操运动融合了体操之健、舞蹈之美和音乐之韵，学生参与到健美操运动中，不仅可以增强体质，还可以培养正确的审美意识，认识力量美、艺术美、形体美等。

其次，学校体育的技艺之美是对学生进行美育的优秀教材，如在各类球类运动中，可以体验到优美的投篮、精彩的射门、有力的扣球等技艺之美，给人震撼心灵的美的感受，这是体育之美的有力体现。学校体育活动中蕴含着巨大的审美教育的能量，学校体育是美育的重要途径，学校要结合各项体育活动的特点，对学生进行有效的审美教育，促进学生身心全面发展。

二、学校体育教育如何促进学生健康发展

（一）全力推动体育课程的深入开展

首先，全力推动体育教学的深入。体育教学是体育课程开展最主要的途径，而课堂教学是体育课程开展最有效的手段。

其次，全力推动课外体育活动的开展。课外体育活动也是体育课程开展的重要途径之一。运动参与、运动技能、身体健康、心理健康和社会适应四个方面目标的达成仅依靠体育课堂教学是远远不够的，如学生体育兴趣的培养、体育行为习惯的养成、社会适应能力的提高等，都需要借助课外体育活动才能得以实现。

再次，全力开展课余体育训练。课余体育训练是学校体育工作的重要内容，是利用课余时间对部分在体育方面有一定基础和特长的学生进行的以增强体质、提高运动技术水平为主要目的的体育教育活动，是贯彻学校体育“普及”与“提高”原则的体现，是传承体育文化的重要措施，是实现学校教书育人目标的重要途径之一。

最后，全力开展课余体育竞赛。课余体育竞赛也是学校体育活动的重要组成部分，是实现学校体育教学目标的基本途径之一。目前，学校课余体育竞赛已经成为学校文化的重要体现，是学生课余生活的重要内容，也

是实施素质教育的重要途径，学生通过参与各种丰富多样的课余运动竞赛不仅可以增强体质、培养体育兴趣，而且更有利于学生道德品质与健全人格的培养，这也是实现学校体育教学目标的途径之一。

（二）选编丰富体育教学内容

首先，保证基础、注重衔接。保证基础是指围绕促进学生体能、运动技能和健康教育知识、技能与方法的学习和提高，为终身体育和形成健康文明生活方式奠定基础。衔接性是指课程不同层级之间的连续性，其重要之处在于减小不同学习层级之间的缝隙，让学生顺利地从一个学习阶段过渡到另一个学习阶段。同样，体育课程内容的组织也应该强调各学段之间的区别，扩大不同学段课程内容之间的难度差异，在这个基础上再追求各学段课程内容的连续性和衔接性。对于运动项目为主要特征的课程内容，在考虑各阶段的衔接时，一般是从小学到高中，学生学习的运动项目逐级递减，而运动项目的技能学习则遵循“基本身体活动能力的培养→基本运动技能的形成→运动项目技能的全面发展→专项运动技能的发展和提高→特长技能的获得和综合体育能力的形成”这样一个逻辑体系来构建。

其次，尊重选择、重视发展。尊重选择是指重视学生根据自己的兴趣和爱好选择运动项目进行学习，深刻体验运动中的成功感，提高自尊心和自信心，获得个性发展。兴趣与爱好是最好的教师，兴趣和爱好可以引导学生自主地参与体育活动，激发学生学习与探索体育知识和技术的热情。一味地强调体育课程内容的科学性、系统性，把学生当成掌握三基的“工具人”和传承运动文化的“载体人”，忽视学生的兴趣和爱好，是对学生积极性、创造性的一种压抑。同时，要适应学生的实际运动水平，如果课程内容过于简单，学生会感到枯燥无味，产生厌烦情绪；如果课程内容过于繁杂和高深，又容易使学生望而生畏、丧失信心。只有课程内容适应学生的实际身体活动能力和运动技术基础，学生通过努力能够完成时，学生才有信心，有努力的动机和愿望，最终才能获得自身的发展。

再次，融合经验、强调运用。融合运用是指将体育与健康知识、体能、技能和方法与日常生活、锻炼、竞赛等方面有机结合，提高学生的体育与健康实践能力。换句话说，就是关注学生的生活经验，实现终身体育的诉求。所谓学生的生活经验，是指学生在现实生活中经历和体验过并能感兴趣的运动知识和技能。只有将学生的学习和生活经验相结合，体育教学内容才能更符合学生的心理需求和经验储备，知识才能与个体发生有意义的联系，才能对个体生命的构建发挥作用。教学内容与学生的生活经验联系得越紧密，学生就会学得越有趣、越轻松和越有效。反之，学生被动学习，课外自然不会自觉进行锻炼，何谈终身体育。终身体育要求学校要培养学生一生不间断地进行体育活动的能力。如果学生一旦走出校门，在外部条件具备的情况下，不能利用学校学习的体育课程内容参加体育活动，只能说明学校体育并没有很好地奠定学生终身体育活动的基础。

（三）科学安排与调控体育实践课运动负荷

体育实践课运动负荷是指学生在课中从事身体练习时所承担的量与强度对机体的刺激程度。它反映了练习过程中学生机体的生理功能的一系列变化。体育课中的运动负荷安排是否合理、是否符合学生的身体特点，不仅关系到学生的体质与健康，而且直接影响学生学习锻炼身体知识、动作方法、技能的效果。所以，科学、合理地安排体育课的运动负荷对增强学生体质、增进健康、掌握锻炼身体的技能与方法，提高动作技术水平，防止伤害事故，都具有重要的意义。

1. 体育实践课运动负荷的安排。根据学生身心特征和教学过程的规律，每次体育课的运动负荷的合理安排，一般应由小到大逐渐增加，大中小强度的负荷合理交替，到课程快结束时，应逐渐降低运动负荷，促使学生机体较快地恢复到相对安静的状态。而从整个学期体育教学过程来考虑时，学期开始的几节课的运动负荷适当小些，以后根据学生身体机能水平的提高，有节奏地逐渐加大。总之，体育课运动负荷的安排，要遵循合理运动负荷原则的基本要求，应符合学生机体生理机能活动变化规律和技能适应性规律，有利于发展学生体能，增强体质，增进身心健康。体育课运动负荷过程若用课的心率曲线表示，其变化趋势过程一般有高峰偏后型、高峰偏前型、中峰型、双峰型、齿峰型五种。在具体安排体育实践课的运动负荷时，应处理好如下几方面的问题：

（1）运动负荷的量与强度的安排，应符合学生的身心发育水平，应全面考虑学生性别、身体体能、基础水平、体质强弱等方面因素，合理地安排好课的生理负荷，并加以区别对待。

（2）根据课型和组织教学形式的要求安排运动负荷；复习课、考核课的生理负荷一般比新授课要大一些；不同组织教学形式的生理负荷安排也有所不同。

（3）要根据教材内容的性质、结构、难易程度、练习强度及气候环境等条件来安排运动负荷。

（4）合理安排课的运动负荷，要依照负荷强度的大小，适当地安排间歇时间，使练习与休息交替进行，结合有效的卫生措施来促进学生体能的提高。

2. 体育实践课运动负荷的调控。体育教师不仅要在课前认真备课，周密地设计安排课的运动负荷，还应懂得观察和分析课中学生运动负荷的变化情况，及时地采用合理措施进行调控，使课的运动负荷达到预定的要求。合理调控课的运动负荷可采用下列方法：

（1）改变练习的某些基本要素，如速度、速率、幅度等。

（2）改变练习的顺序和组合，安排合理间歇、练习与休息合理交替。

（3）改变练习内容的性质，如将原来的 50 米中速跑改为 30 米加速跑。

（4）改变练习的重复次数，延长或缩短练习中的间歇时间。

（5）改变练习的限制条件，如场地的大小、器材的重量、附加条件等。

（6）改变课的组织教法与形式，如循环练习法、竞赛法或分组练习等。

（7）调整课中各项活动的时间比例以调节运动负荷，如教师指导、组织措施，学生观察与休息等。

（四）组织与实施课外体育锻炼

1. 课外体育锻炼的形式。校内课外体育锻炼是学校体育工作的重要内容之一，有利于培养学生养成良好的运动习惯，形成终身体育意识，增强体质，增进健康。根据不同的依据，可划分出不同的组织形式。本书从时间、地点、参与人群、参与目的等角度划分出不同的课外体育锻炼组织形式。目前有两种划分方式：第一种是常用的划分方式，主要包括早操、课间操和班级体育锻炼；第二种是以参与主体划分的课外体育锻炼组织形式，主要包括全校性锻炼活动、年级性锻炼活动、班级性锻炼活动、小组锻炼活动、体育俱乐部活动和个人锻炼活动。

2. 课外体育锻炼计划。课外体育锻炼计划是学校体育工作计划的重要组成部分，它对课外体育活动的顺利开展以及对整个学校体育工作目标的达成具有重要意义。由于课外体育锻炼是学校课外活动的组成部分，且涉及学校宣传、后勤等多部门，需要与相关部门沟通合作，使计划切实可行。课外体育锻炼计划有较大的自愿、自主、自觉的特点，表现出学生较大的自由度，所以要做好课外体育锻炼计划，以保证课外体育活动科学、有序地开展，同时也能针对性地增强学生体质，开展好学校体育工作。校内外体育锻炼计划的制订应适合学生的身心健康发展，项目的选择应切合实际；科学合理地制订锻炼计划，充分考虑好体育锻炼、膳食营养、作息安排等因素。根据时间周期的不同，锻炼计划包括年度锻炼计划、季度锻炼计划、月锻炼计划、周锻炼计划、日锻炼计划等。根据参与主体的不同，锻炼计划包括全校性锻炼计划、年级锻炼计划、班级锻炼计划、小组锻炼计划、体育俱乐部计划和个人锻炼计划。

3. 课外体育锻炼的组织实施。计划制订后就要认真组织实施，再好的计划如果不付诸实施，都将成为“空中楼阁”。组织实施是一个动态的管理过程，对全校性的课余体育锻炼而言更是一个系统工程，需要学校多个部门的协调配合才能完成。一般来说，课余体育锻炼的组织实施应做好以下三项基础工作：

（1）确立制度和工作规范。根据课余体育锻炼的计划，确立制度和工作规范由主管校长召集相关部门确定实施课余体育锻炼的有关制度，如晨操制度、课间操制度、大课间活动制度、班级课余体育锻炼轮换制度等。这些制度都要纳入学校作息时间内规范管理，从而保证各项制度能有效地实施操作。与此同时，应建立与各项制度相配套的工作规范。这是课余体育锻炼的一般规则，其主要形式有守则、须知、程序等。科学的规范管理是有步骤、有秩序地实施课余体育锻炼的基本保证。

（2）明确职责和工作范围。学校校长或主管副校长为全校课余体育锻炼总负责人。晨操、课间操、大课间活动等全校性课余体育锻炼要求校长或主管副校长身体力行，亲自到活动现场参与活动，以鼓舞学生积极投身锻炼，同时可以深入一线了解课余体育锻炼的开展情况，以便及时发现问题。体育教师是课余体育锻炼的业务工作责任人，具体负责编制实施方案并把方案付诸实践。具体操作包括安排全校晨操、课间操、大课间活动等内容及选择乐曲、带操等；负责班级活动场所及进退场的安排；协助班主任组织好所带年级的活动等。班主任是各班级课外体育锻炼的负责人。班主任的特殊身份决定了其具有非同一般的号召力。课外体育锻炼计划的实施必须充分发挥班主任的作用，通过班主任教育、鼓励、引导和督促，让学生积极参加课外体育锻炼计划。班主任的具体职责是了解和掌握本班学生的运动兴趣、运动习惯、基础水平及体育特长等基本情况，协助学生干部组织本班学生及时出操并开展相应的课外体育锻炼，维持本班级的纪律和秩序。学生干部对课余体育锻炼计划的顺利实施有着很大的影响。学生干部以身作则，组织并带动全班学生积极主动地参加活动对于课外体育锻炼计划的有效实施非常关键。

（3）落实与实施课外体育锻炼计划。落实与实施课外体育锻炼计划的实质就是校领导、班主任、体育教师、学生干部，扎扎实实地把课余体育锻炼计划的具体实施方案付诸实践的过程。在这个过程中，校领导起着统领全局的作用；体育教师主要做指导、协调和组织工作；班主任着重于组织、引导和督促学生主动参与体育活动。

（五）鼓励学生进行校外体育锻炼

校外体育锻炼是指学生在学校以外参加的各种体育锻炼活动。它与校内体育锻炼活动相互联系、相互补充，共同构成了学生课外体育锻炼体系。

1. 校外体育锻炼的主要内容。

（1）郊游、远足和野营。郊游、远足和野营都属于野游型课外体育锻炼，其野外活动的内容不同、活动范围较大、交通方式多样、时间长短不

一、住宿方法不同。郊游主要是指从城镇出发到郊外去游玩，地点可以是公园和旅游景区，交通方式多种多样。远足主要是指以步行的方式到野外去游玩。郊游、远足和野营以及校内课外体育活动的形式有所不同，内容多样，形式灵活，得到广大学生的喜爱。在节假日里，同学们经常在野外宿营。学生三五成群，或全家一起，远离喧嚣的城市，走进大自然，去体验大自然的魅力，领略沿途的风土人情，去经历成功和挫折。在回归大自然的过程中，不仅可以陶冶情操，放松身心，增长才干，增强野外生存的本领，而且能增加同学之间的情感，增进交往和友谊。

（2）拓展训练。拓展训练主要是指受训人员在大自然环境中，通过学习预先专门设计的具有挑战性的课程，利用多种典型的场景和活动形式，让团队和个人经历一系列的考验，克服存在的困难，培养学生的毅力，让学生形成积极进取的人生态度，增强学生的团结合作意识。

（3）登山。登山是学生走进大自然，挑战大自然，陶冶情操，培养毅力和坚韧不拔意志品质的一种野外活动。学生在进行这项活动之前，需要学习登山所必需的知识，进行登山相对应的体力训练。登山时要做好登山准备，注意气象变化和环境变化，进行相应的安全教育，做好急救工作。

（4）跳绳。跳绳对学生身心的发展具有重要的作用。跳绳包括单人单绳、双人单绳、多人单绳等多种形式。在进行跳绳锻炼时要了解跳绳的基本知识与动作技术。通过跳绳锻炼将游戏与比赛相结合，有利于激发学生的兴趣与热情，通过多人单绳锻炼，有利于培养学生的团队精神。

（5）水上或冰雪运动。水上或冰雪运动越来越受到大家的喜爱，然而水上运动和冰雪运动相对其他项目难度较大，危险系数较高，对学生掌握知识与技能要求相对较高。进行水上运动和冰雪运动时要关注项目特点，做好保护措施。

（6）舞蹈。根据舞蹈的不同风格与特点，舞蹈可划分为古典舞蹈、民族民间舞蹈、现代舞蹈、当代舞蹈和芭蕾舞等类型。通过舞蹈学习，有利于培养学生身体的协调性、柔韧性，还能培养学生的气质，陶冶情操。

（7）其他校外体育锻炼内容。校外体育锻炼内容丰富，除郊游、远足和野营、拓展训练、登山、跳绳、水上或冰雪运动、舞蹈外，还包括春游、秋游、攀岩、冲浪、轮滑、拔河等校外体育锻炼活动。

2. 校外体育锻炼的组织形式。

（1）个人自我锻炼。个人自我锻炼是指学生在校外根据体育课堂教学或课外体育活动的要求，为了完成体育作业或练习内容，自觉进行的个人体育锻炼，如在体育课程学习中发现某些运动项目技术难以掌握，体育教师要求学生课后进行练习，学生除在校内课外体育活动练习外，放学回到社区后，根据课堂学习动作技术的要求，自觉利用社区体育设施进行自我练习。校外个人自我锻炼是个人自觉进行的校外体育锻炼，是校园体育活动的延伸和拓展，弥补体育课教学中的局限与不足。校外个人自我锻炼的空间相对广阔、内容相对广泛，个人在安排校外进行自我锻炼时，尽量与学校体育所学内容紧密结合，巩固校内所学的各项运动技术、进行针对性的身体素质练习、与朋友进行趣味性体育活动等。校外个人自我锻炼对于复习与巩固所学知识和运动技术、养成体育锻炼习惯、丰富校外文化生活、增强体质、结交朋友、建立健康的生活方式有着重要的作用。进行校外个人自我锻炼时要注意安全问题，对于难度较大、技术相对复杂的动作要有同伴的保护与帮助，单独一个人进行自我锻炼时，最好选择简单或自己有能力完成的项目进行锻炼。校外个人自我锻炼可以是独自一人进行，也可相约几人进行。在没有安全保障的条件下，学生个人不得独自在危险的场所，如湖泊、马路、深山等进行体育锻炼活动。

（2）家庭体育锻炼活动。家庭体育锻炼活动是指以家庭为单位，以学生的家庭成员为主体而进行的身体练习和家庭体育锻炼活动。家庭体育锻炼活动是在体育教师的指导下、在家长的协助和督促下，学生利用回家之后的时间完成的。家庭体育锻炼活动为了促进学生体质健康，要求学生家庭成员积极配合学校督促学生进行家庭体育锻炼活动。家庭体育锻炼活动从组织形式上来看，主要是以学生为主、家长为辅的体育锻炼活动，家长起辅助、监督、指导的作用，主要目的是帮助学生完成体育学习、提高运动技能、培养良好的体育锻炼习惯、提高学生体质健康水平等任务。可供选择的家庭体育锻炼活动内容很多，包括假期家庭晨跑、暑期家庭游泳、家庭球类活动、家庭跳绳比赛、家庭身体素质专项练习等。

（3）节、假日体育锻炼活动。节、假日体育锻炼活动主要是指在学校体育教师的安排与要求下，学生在节、假日期间利用校外社区、公共体育场地器材资源而进行的各种课外体育锻炼活动。学校班主任和体育教师在节假日前，要与体育行政部门、青少年体育宫、妇女儿童中心以及有关社会各团体与俱乐部进行积极协调，采取就近安排原则，设计好学生假期体育锻炼计划，鼓励学生在假期积极参加体育锻炼活动，为学生假期进行体育锻炼活动提供便利的体育锻炼条件。根据相关规定，公共体育场馆和运动设施应免费或优惠向周边学校和学生开放，学校体育场馆在课余和节假日应向学生开放。青少年假日活动中心是近年来出现的新生事物，是由各地教育部门组建并成立的。其主要目的是丰富学生校外课余生活、积极开展各种素质教育活动。这是国家为学生“减负”的一个有力措施，也是素质教育与能力培养的有效活动。青少年假日活动的组织单位是学校，承办单位是各地教育部门成立的青少年假日活动中心。

（4）体育夏（冬）令营锻炼活动。体育夏（冬）令营锻炼活动是实施素质教育的有效途径，对于提高未成年人的思想道德非常有帮助，是学校教育和家庭教育的良好补充。体育夏（冬）令营是以体育锻炼活动为主题的夏（冬）令营活动，体育夏（冬）令营锻炼活动通常是一种综合性的体育活动，在内容上综合了德、智、体、美、劳各方面的教育因素，如安排游泳、攀岩、篮球、乒乓球、羽毛球、定向运动等，并结合了参观、野炊、露营、联欢、营火晚会等形式活动，通过学生参加体育活动来达到增强体质、全面发展的目的。从组织形式上来看，学校可在寒、暑期以班级为单位或以三好学生为单位、以体质较弱者为单位或以体育爱好者为单位等，组织学生进行体育夏（冬）令营活动，也可以由学生自主自愿报名，学校安排有关人员带队进行体育夏（冬）令营活动。在体育夏（冬）令营活动过程中，每个学生都能积极参与其中，不仅可以学习与巩固各种运动技能，也可以为体育教学打好基础，通过体育活动加强学生之间的社会交往、提高学生的社会适应能力、学生的自理自立能力，培养学生坚韧不拔的精神。

（5）青少年体育俱乐部活动。青少年体育俱乐部活动是指依托学校、体育协会、社区、公共体育场所、业余体校等，用体育彩票公益金创建的青少年体育活动中心。青少年体育俱乐部活动则是学校促进青少年进行课余体育锻炼、发挥体育特长、组织学生加入青少年体育俱乐部会员、参与体育锻炼的活动。青少年体育俱乐部的主要管理模式是运动项目会员制。在青少年体育俱乐部，学生可以学到多种运动技能，是校内体育教学的补充和拓展，同时输送了大批体育后备人才。

第二节　社会体育培训机构推动全民健身事业发展

一、社会体育培训机构

社会体育培训机构是指传授体育运动技能的非学历教育范畴的独立核算的组织或机构。它包括各种专业运动辅导机构（篮球、足球、乒乓球、羽毛球、田径、网球、高尔夫球等运动辅导机构），体育活动“啦啦队”培训机构，各级、各类体育学校和业余体校，各类群众性体育培训、辅导学校等机构，各类健身培训俱乐部（交谊舞、国标舞、瑜伽等）等机构，致力于武术、棋类、赛车、气功、航空等技能培训的各种体育培训机构、专项运动俱乐部、学校、棋院等，青少年、少儿体育俱乐部、培训机构，体育经营管理、创意设计、科研、中介、运动防护师等体育专门人才的继续教育培训机构等。

二、助力全面健身的重要社会体育培训机构——健身俱乐部

健身俱乐部即健身房，又名健身馆、健身室、健身中心，是用作健身的场所，部分装设有健身器材，有些健身中心可能也包括泳池、拳击场地等设施。健身房的形式主要分为两种：第一种是商业健身俱乐部，这里一

般有较为完善的健身设备、系统的课程设置和一定的教练员班底。第二种是特定场所配置的健身俱乐部，如以大学为主的校园健身房、企事业单位配置的健身房、酒店配套健身房等。健身俱乐部按照业态细分可以分为全国连锁传统健身俱乐部、区域连锁传统健身俱乐部、单体传统健身俱乐部、私教工作室、精品团课工作室和新模式健身俱乐部。

（一）政策支持

“十二五”时期，我国健身俱乐部的发展还处在萌芽期，政策主要侧重在促进体育产业各门类统筹发展，广泛开展健身项目等；“十三五”期间，健身行业上升到国家战略的层面，行业进入快速发展期；“十四五”时期，健身行业的规划发展更为细分，行业未来将朝着构建更高水平的全民健身公共服务体系发展。

近年来，国务院、体育总局印发了众多健身俱乐部相关政策规划，以鼓励和规范我国健身俱乐部行业的发展，具体如下：

2021 年 3 月，中共中央发布《中华人民共和国国民经济和社会发展第十四个五年规划和 2035 年远景目标纲要》，提出“广泛开展全民健身运动，增强人民体质。推动健康关口前移，深化体教融合、体卫融合、体旅融合。扩大体育消费、发展健身休闲、户外运动等体育产业”。

2021 年 8 月，国务院发布《全民健身计划（2021—2025 年）》，提出“计划明确到 2025 年，经常参加体育锻炼的人数比例达到 38.5%；县（市、区）、乡镇（街道）、行政村（社区）三级公共健身设施和社区 15 分钟健身圈实现全覆盖；每千人拥有社会体育指导员 2.16 名；带动全国体育产业总规模达到 5 万亿元”。

2021 年 10 月，国务院办公厅发布《国家标准化发展纲要》，提出“制定公共体育设施、全民健身、训练竞赛、健身指导、线上和智能赛事等标准，建立科学完备、门类齐全的体育标准”。同月，体育总局发布《“十四五”体育发展规划》，提出“加快形成以健身休闲业、竞赛表演业等为龙头，高端制造业与现代服务业融合发展的体育产业体系”。《“十四五”体育发展规划》对健身俱乐部行业发展有着重要的指导意义。

2022 年 1 月，国务院办公厅发布《国家残疾预防行动计划（2021—

2025年)》，提出“开展全民健身行动，发挥体育健身在主动健康干预，慢性病防治，康复中的作用”。同月，国务院办公厅发布《“十四五”市场监管现代化规划》，提出“推进服务业标准、品牌化建设，完善商贸旅游、家政服务、现代物流、医疗卫生、养老服务、休闲娱乐、教育培训、体育健身等服务业标准体系”。

2022年3月，国务院办公厅发布《关于构建更高水平的全民健身公共服务体系的意见》，提出“到2025年，更高水平的全民健身公共服务体系基本建立，人均体育场地面积达到2.6平方米，经常参加体育锻炼人年数比例达到38.5%，政府提供的全民健身基本公共服务体系更加完善、标准更加健全、品质明显提升，社会力量提供的普惠性公共服务实现付费可享有、价格可承受、质量有保障、安全有监管，群众健身热情进一步提高。到2035年，与社会主义现代化国家相适应的全民健身公共服务体系全面建立，经常参加体育锻炼人数比例达到45%以下，体育健身和运动休闲成为普遍生活方式，人民身体素养和健康水平居于世界前列”。

2022年5月，国务院办公厅发布《“十四五”国民健康规划》，提出“开展全民健身运动，深化体卫融合，举办全面健身主题示范活动，倡导主动健康理念，普及运动促进健康知识。推进健康相关业态融合发展。促进健康与养老、旅游、互联网、健身休闲、食品等产业融合发展，壮大健康新业态、新模式”。

（二）行业发展现状

我国健身行业发展于2000年，居民健身意识觉醒，首批知名连锁健身房品牌入场，健身房行业萌芽发展；2004—2010年，健身房数量不断增加；2011—2015年，行业进入优胜劣汰阶段，知名健身房品牌开始不断出现，开始健康商业模式的探索；2016年至今，行业进入快速发展期，并与互联网、智能装备等协同发展。

据三体云动统计数据显示，2020年中国健身人口增长至7029万人。体育人群基础是实现健身行业消费市场增长的首要条件。根据国家政策引导，未来我国经常参加体育锻炼的人数还会持续提升。2021年，在疫情的影响下，健康意识不断提高，健身人数不断增加，初步统计2021年我国健身人口规模为7732万人。

三、社会力量办培训——让体育培训提质增量

近几年，随着社会经济的发展和政府部门的简政放权，体育行政部门与社会力量合作培训屡见不鲜。发展群众体育，做好体育服务，不只是政府相关部门的事，也需要社会力量参与其中。引入企业、行业协会等社会力量参与体育培训，有利于更精准地对接市场、更贴合大众心意。

（一）上海探索

进入21世纪以来，上海就开始探索扶持社会力量办体育，涌现出了徐根宝足球俱乐部、曹燕华乒乓培训学校等成功案例，为上海乃至国家培养出了以许昕、武磊为代表的一批优秀竞技体育人才。为了鼓励社会力量参与办训，上海市体育局近年来在社会力量参与教练员培训方面开展了大量工作，构建了多层次教练员培训体系，开展了足球、篮球、射箭、高尔夫球和冰壶等项目的“大众教练”认证。同时，上海市体育局定期对社会办训单位管理人员和骨干教练员进行集中培训，帮助社会办训基地做好周期项目规划、抓好训练常规管理、提高业余训练质量，保障社会办训机构的良性发展。

（二）浙江探索

街舞成为2024年巴黎奥运会新增项目后，浙江省宁波市北仑区发掘区内优质街舞培训机构，参与北仑区街舞代表队的组建和训练。北仑区文化和广电旅游体育局相关负责人表示。“把项目布局和社会力量办竞训相结合，既能充分发挥专业机构的培训技能，又能借助区级平台持续推动项目的推广和发展，是一种双赢的合作方式”。不仅是街舞项目，目前在宁波北仑，社会力量广泛参与到各项青少年竞训人才培训中来，涵盖乒乓球、轮滑冰球、拳击、跆拳道、击剑、空手道、游泳等几十个项目，每年参训人数达3000余人。

（三）成都探索

社会力量参与体育培训不仅为青少年体育“添柴”，也为老年体育

“加瓦”。老年人作为群众体育中的活跃力量，其体育组织也一直坚持在办训中普及、提高。2022 年“五一”期间，成都市郫都区老体协就举办了羽毛球骨干培训。针对多年来郫都区老年羽毛球运动和羽毛球比赛中存在的问题，培训讲授了羽毛球运动常识、羽毛球竞赛规则、羽毛球运动员参赛需知、羽毛球双打技战术等，针对性强，实用性强，趣味性强，使大家受益匪浅。

第八章

全民健身时代体育传媒与信息服务发展

第一节　体育出版物出版服务

一、体育图书出版与体育产业发展的耦合性

众所周知，经济新常态的基本特质就在于高质量、优结构、创新驱动的新增长方式。对于体育图书出版而言，能否积极适应经济新常态，稳步推进体制机制改革，打造精品力作，就成为其能否有效推动体育出版、体育产业融合可持续发展的关键。

（一）产业性质与发展模式的耦合性

体育图书项目与体育产业均属于文化创意产业的基本范畴。对于文化创意产业而言，关键就是要不断去发掘、制造客户的需求，进而从价值创造和体验满足的角度出发，不断地从产业边际效应中实现创新与创造，不断增强自身的核心能力与价值，实现产业的良性发展态势。从狭义上讲，图书出版作为文化创意产业的重要支撑，其本质就是分享价值，其核心就在于创造需求、完善体验，而这些特征也是体育产业战略性发展的未来方向。而站在体育图书出版角度看体育产业发展，则需要突破传统产业界限和视角去理解两者耦合性。一方面，图书出版与体育产业都需要通过不断的创新来吸引整个市场的注意力，不断提升创造性的价值，不断完善体验的特征。倘若图书出版与体育产业发展之间上述同一性被产业的链条隔断，那么，双方的操作空间将会被极大程度地压缩，发展半径都会受制于各自的产业逻辑边界，显然这是不足取的。另一方面，体育丛书出版深化了体育产业链条完善，体育产业发展创新驱动模式更为明显。

我们以跑步及其相关产业的发展为例。跑步运动正成为当下各阶层人士的生活方式。每年在我国都有数场国际、国内马拉松赛事举行，大量的相关出版项目得以落地。日本作家村上春树的《当我谈跑步时，我谈些什

么》连续数周占据当当网、京东商城等网上书店热点排行榜首。国内出版集团同样看到了跑步及其相关产业的带动效应。早在2014年，湛庐文化公司就与浙江人民出版社合作推出了“湛庐乐跑人生”丛书出版项目。该项目包括《马拉松训练宝典》《跑步圣经》《百马人生，从55岁开始》《酷能跑步营》等介绍马拉松与跑步的图书。《百马人生，从55岁开始》是国内第一本原创类跑步绘本，系统专业、科学全面介绍相关运动，对推动马拉松产业发展具有重要的意义。与此同时，与实体图书出版项目相关的悦动圈、虎扑跑步、跑步猫等诸多APP不仅提供了跑步里程数统计、热量消耗显示、跑步路线GPS定位等功能，还通过线上线下融合的各种约跑、跑步装备抢购等活动，实现跑步产业发展模式亮点纷呈的发展方向。

（二）价值诉求的现实耦合性

任何产业发展都只有与良好商业运作模式相融合，才能够呈现出其生命力，才能够最大程度实现产业化的规模与效益。体育产业经济重视国民身体素质提升，具有经济效益、社会效应的追求。习近平总书记强调“创造出我们伟大民族、时代的优秀作品”的文艺发展路向，其基本目的旨在围绕信息技术、网络技术打造精品，创造出满足读者需求的作品①。围绕图书出版项目对于体育产业经济的辐射与带动效应正在价值诉求领域呈现出积极姿态。

一是图书出版与金融等商业模式融合进一步加大，促成了大量社会资金涌入体育产业，对于体育产业的经济发展有极大的推动作用。体育图书项目不仅起到了知识传播、文化提升的作用，更重要的是体育图书项目的立项与实施，在极大程度上推动了社会注意力的转移，各种力量的社会化资金运作纷纷涌入体育相关的领域中。与此同时，国家级的体育研究社科项目的结集出版，既在社会层面上推动了先进体育思想的现实化，也在经济层面上推动了科研成果的项目化，图书与体育在文化创意产业的节点上实现了价值的统一。

二是体育图书出版项目起到了体育文化启蒙的作用与效果，极大地改

---

① 王军红．体育健康产业创新发展研究［M］．长春：吉林人民出版社，2020.

善了全民体育锻炼的观念。尽管市场化的资金流向能够影响产业的发展，然而对于体育锻炼群体的心智模式具有潜移默化的影响，还需要从精神层面予以归化。也正是在此种意义上，体育图书出版项目极大地调动了全民的体育观念，让体育社团发展、民间体育的崛起成为一种现实可能性。群众性的休闲健身体育产业也在无形间满足不同层次、不同年龄段的健身需求，这种显著的社会价值是任何形式传播手段所不能及的。

三是体育图书具有极强的舆论引导作用，这种舆论引导作用是一种传统的自主型引导，具有高度的历史责任感与系统性，与体育产业目前发展急需的内生动力极为吻合。巴西世界杯期间，仅 4 月到 6 月的时间内，市面上就出现了《桑巴华章》《贝利：足球之美》《你不是一个人的世界杯》等数十本足球系列图书。此外，类似于“世界杯冠军志”在内的世界杯纪实文学作品也与《体坛周报》等纸媒的合作而华丽登场，既让图书更具权威性和认可度，也让与世界杯相关的体育产业发展更为火热。

二、体育图书出版发展表征

体育图书出版项目与体育产业融合面对新、旧常态交替的发展前景，呈现出资源配置不断优化、产业结构转型升级的良好态势，相互协作、相互融合，以便更好地服务于实体经济发展的外在表征。

（一）立足时代寻求跨越发展相关性

体育图书出版与体育产业之间具有时代相关性。体育产业、体育图书出版与体育相关的任何的经济活动，与本国经济实力、政治社会稳定等多方面因素相关，考察此种相关性并从体育运动的终局制定本国、本部门的体育发展方向与策略，显然是时代赋予体育图书、体育产业的重要内容。与之相关的，既往基于“举国体制”的我国体育事业与体育产业的发展，必然也要顺应信息化的基本潮流，进行符合体育产业发展的基本规律又与时代脉搏悦动紧密相关的探索。值得注意的是，在移动互联时代，网络技术悄然改变了体育文本存在及影响范围。新媒体借助其自身及时、敏锐的传播触角，弥补了传统媒体在特定领域传播的缺位与失语，实现了媒体受众分众化传播基础上的有效互动，突显了基于传播成本优势的议题设置能力的提升，强化了公共话语与行动的舆论载体作用。与传统意义上报刊、书籍、广播、电视四大传统媒体相比，互联网、移动互联终端对于时代与数字化生存的体育意识的形成影响是更加全面而深刻的。

（二）多向度助力文化理念异质化

体育图书的出版要满足不同读者群的需求，体育产业发展同样要践行顾客导向的基本脉络。体育图书出版尤其重视各个相关细分市场的价值需求，实现有针对性的清晰的产品开发与服务。这种从读者需求入手的价值理念倒逼机制对包括体育赛事、体育服务及俱乐部发展在内的体育产业的发展都有极强的示范与带动作用。体育产业发展基于异质化需求，不断实现营销、传播、推广等领域的个性化追求，不断提升和优化体育产业项目的竞争力。体育众筹网络平台出版现实化，《跑出来的产业》等休闲体育图书达到了众筹目标，并取得了较好的宣传效果。体育自媒体与粉丝营销价值日益突显，体育类自媒体出版物深度挖掘粉丝价值，自媒体出版、个性化按需出版、信息服务推广等平台融合的案例不断涌现，实现了体育图书自媒体与体育产业的粉丝经济效应。此外，立足于微信平台的体育图书微店、微商模式弥合了线上、线下差距，也呈现出多样化的体育图书与体育经济发展整合效应。

（三）强化消费体验多元化需求

文化创意产业发展给社会经济发展与受众消费理念上带来的最大改观就是追求体验与感官享受趋势越来越明显。体育图书从纸媒逐渐走向媒介融合过程、读者阅读体验不断深化的过程。而类似于电子书、立体图书、多媒体等类型的体育图书，让读者不仅是接受知识，而且逐渐走向了知识的现实化与体验化方向。这种延伸本质上就是体育产业参与者的体验的强化。基于图书的体育产业样态，完善了受众之间交流、互动的平台，让不同的消费者能够实现自身个性化需求。体育项目诸多要素之间能够通过独特的产业样态整合，实现体育受众多样化、立体式体验。

三、全民健身时代体育图书出版项目与产业发展方向

在全民健身时代下，对于体育图书出版项目与相关产业发展而言，要正确认识、主动适应并积极引领新常态，就是要从政策措施、市场整合、媒介形式等多种途径寻求新突破，实现新常态下两者融合发展的新态势。

（一）强化政策保障，不断整合图书与体育的多元化市场

一是不断调整并逐渐完善体育市场与图书市场，尤其是对于图书出版的重大项目支撑，既要符合我国出版领域相关政策法规，又要推动图书在体育产业化的健康发展，满足多样化、个性化的消费追求，形成独特的具有融合性的消费文化。二是要不断修订与完善图书出版发行的管理制度，消弭图书出版与体育产业互动的时间与空间的制约，重新确立以消费者为主要内容的体育产业化概念，尤其要注重对于体育相关的图书项目在内容上、知识产权领域的规范，使具有创意性的知识内容能够法制化、规范化发展。三是要不断健全体育与图书交叉地带的服务标准的制定，依法依规依律为消费者提供相对完善并健全的行业规范尺度与服务标准，让符合文化创意产业政策规定的体育图书项目能够尽快落地①。早在2014年，北京体育大学出版社及下属体育图书出版机构向体育文化创意产业链条延伸就已经取得了显著的成效，人民体育出版社与万科签订了合作初步意向，万科所有的商业项目中都引进人民体育出版社的图书及其衍生服务，将体育读书生活融入万科商业与社区文化中。

（二）借助媒介融合，不断丰富图书与体育产业融合形式与内容

一是借助新媒体的技术背景，改变过去单调、相对陈旧的互动形式，不断发挥主流媒体作用，将着力点转移到受众喜闻乐见、易于接受的内容上，传达到受众身边，为其提供咨询服务。二是充分利用多样化的媒介融合的平台背景，开展信息互动与图书交流活动，让受众及时地了解政策、法规与文化发展的动向。三是充分利用新媒体的优势，实现与旧媒体的融

① 谢用民．传统体育文化与产业发展研究［M］．北京：中国财富出版社，2020.

合，综合运用各种媒体手段分众传媒受众，建立有效的体育图书出版项目服务体系。要强化新媒体内容的网络、动漫与游戏文本在体育出版与产业融合发展中的力量。通过借助网络社区、虚拟动漫、游戏平台等渠道，实现新媒体内容多角度展现，营造喜闻乐见的在场体验，确保体育出版与产业升级在良性互动基础上实现基本审美需求。要借力微信、微博等新媒体以及移动手机、平板电脑等移动终端平台，融合体育运动相关群体关注度较高的全新领域，实现融合发展的新动向。要强化新趋势、网络素养的培训，提升适应新媒体、接受新媒体、认识新媒体的水平，形成在科学、合理的新媒体下信息整合管理的能力，提高网络平台掌控力。促进体育出版优势互补一体化发展，构建其“一次采集、多次生成、多平台传播”的复合版模式，实现线上与线下的融合。

体育图书出版与体育产业发展同属于文化创意领域的实践活动，两者具有产业性质、发展模式与价值诉求等领域的相关性。在全民健身时代下，图书出版项目在培育体育生产力、多元性消费体验，塑造异质化个性化的理念层面意义重大。体育出版物出版企业根据市场需求与供给现状，结合自身经营特性与获取能力，实现了产业链与价值链的延伸，进而实现了从内容供应商向体育服务提供商的转型。体育出版物出版企业通过跨界合作逐渐将体育文化内涵融入体育经济实体产业。基于上述分析，我们必须借助媒介融合，强化政策保障，不断整合图书与体育的多元化市场，不断丰富图书与体育产业的融合形式与内容，不断推动两者的互动效度与信度。

第二节　互联网体育服务

一、“互联网＋”体育服务行业发展现状

继国家颁布《体育事业发展“十三五”规划》后，“互联网＋”体育

服务行业市场环境得到进一步改善。传统的体育产业逐渐失去体育市场上的主导地位，“互联网+”的壮大升级进一步推动了体育服务行业的强有力发展，通过对市场进行整合，推动资本的运作，初步形成以规模化、标准化、品牌化为特点的“互联网+”体育服务行业产业群，带动整体“互联网+”体育服务行业的经济效益①。随着市场发展的日渐成熟，整体发展趋势良好，越来越多的企业涌入体育服务行业中，人们的收入水平和消费水平随着市场不断扩大，得到了显著提高。同时为体育服务行业的发展提供了良好契机。“互联网+”体育服务行业在发展的同时也面临诸多挑战，因此未来发展之路不会一路平坦。

（一）“互联网+”体育服务行业发展趋势及特点

对于体育行业发展产生的问题应从多方面进行考虑，关注体育服务行业与我国经济活动的联系，重视产业结构改革，推动我国整体经济的发展。“互联网+”体育服务行业拥有巨大发展潜力，其广阔的市场吸引着越来越多的海外投资者，市场规模逐步扩大，所占体育行业经济比重不断提升。不断拓展体育活动场地，逐步增加培训中心数量、对体育赛事商业体系、体育项目竞赛体系进一步完善，使得体育服务行业的产业链向较好方向发展。以“服务”建设为中心，走实际市场带动线上发展的路线，扩大产业规模，优化整体结构，为“互联网+”体育服务行业的核心竞争力提供重要保障，充分实现体育服务行业的价值。利用“互联网+”平台发展资源共享、复合经营的商业模式，将体育服务行业与其他相关行业有效结合起来，充分利用市场资源，合理优化产业配置，提高产业资源利用率，使市场及资源得到合理利用。虽然“互联网+”体育服务行业的发展处于上升趋势，但行业内部仍需提升服务效率，扩大宣传力度，加快实现O2O 商业模式，尽快实现产业的多元化发展。

（二）“互联网+”体育服务行业经济发展模式

“互联网+”体育服务行业实现经济价值的关键在于满足用户对产品的需求，让用户在享受产品服务的同时，能够打破用户与产品之间的情感

① 陈博．多元视角下体育产业的融合发展研究［M］．北京：中国经济出版社，2020.

寄托问题，加强情感的传递，培养用户的心理依赖度。“互联网+”成为优化体育服务行业的强大推动力。2021年，我国人均GDP为12359美元，基本生活已然有了保障，在满足物质生活的基础上，对精神生活的追求日益突显。对于体育活动关注程度逐步提升，由此体育服务行业能够得到有利发展。然而现实中，较多体育服务企业却依然没有采取转型策略，依旧发展传统体育产业链。多数体育场地并没有为客户提供B2C服务，对于时间较为紧迫的上班族而言，无暇排队等候，常常因此放弃诸多服务。用户无法便捷体验，企业同样无法赚取利润。“互联网+”体育服务行业应从消费者的角度出发，制定合理便捷的发展策略。体育相关企业应积极响应国家号召，制定互联网发展政策，积极实行O2O营销模式，利用线下体验提升O2O转型速度，而企业融合互联网的发展速度过慢，导致用户体验过程繁琐，用户体验数量减少，致使企业获得的利润过低，企业的传统营销模式思想严重，将体育服务业认定为卖方市场，没有积极开发新型发展模式。在这样的发展情况下，诸多企业被迫推行O2O模式，受“互联网+”的影响，将买方市场作为主体，积极参与企业结构改革、适应时代需求。

现阶段的“互联网+”体育服务行业的发展模式依然以线上APP为主要营运平台，未来势必将扩及到体育媒体方向，带动体育媒体进入移动化发展模式，方便用户了解相关体育服务资讯。开发对应体育APP与体育服务行业联合发展，打破传统卖方垄断市场，为客户提供便捷的网络购票系统、预定场地等服务，开辟“互联网+”体育服务行业经济发展的崭新道路。例如，参与互动性质的体育活动，由于客户一人使用产品服务，不免会产生孤单感，对产品逐渐失去兴趣，所以，体育服务APP逐步开发运动圈功能，让用户在互联网下打破时间和地域的概念，给好友分享自己此刻的运动状态，通过信息交往来实现更多的价值。目前很多体育企业伴随着互联网的潮流，在线上实行O2O运营模式，将体育馆门票或健身卡放在线上APP进行销售，方便用户就近选择周边体育场地，推动产品、用户、用户好友之间三者的互动，达到互惠互利的目的。

（三）“互联网+”体育服务行业中企业与政府态度

体育运动作为我国人文社会发展的重要组成部分，是现代人生活中不可缺少的内容。近年来，体育事业的快速发展，各类体育赛事的社会关注度也逐渐升温，越来越多的企业盯上了这块“蛋糕”。阿里、腾讯等国内资本者都开始进军体育产业，对体育产业上各个领域的巨大商机有着独到的嗅觉，积极推动体育发展战略，开拓体育产业市场新领地。

企业方面，乐视购买了200多项体育赛事的直播权，利用传播平台的优势，为体育赛事的观看者提供便利的直播服务，体育直播平台更加重视与观众的互动，设置弹幕、留言板等功能，同时乐视平台根据用户反馈优化平台服务。乐视体育旨在打造赛事运营、内容平台、智能化和增值服务四个支点的垂直产业模式。这与我国举办多次世界级运动会，国家对于服务行业加大宏观调控是密不可分的。我国举办的亚运会、奥运会、世乒赛等大型运动赛事，为我国的体育服务行业的后续发展奠定了良好的基础。

在全球化趋势下，政府一直致力于为体育服务行业提供更为广阔的发展空间和国际市场。“互联网+”体育服务行业的发展前景得到了政府充分重视，相关发展政策正在逐步推行。政府应充分利用宏观调控手段，全面调控服务行业经济发展结构。我国经济趋于多元化，政策开放度较高，“互联网+”体育服务行业拥有优良的发展环境，服务行业应积极顺应发展趋势。在当今社会发展环境下，体育服务行业必能形成健全体制，提高市场竞争力。

二、“互联网+”体育服务行业发展存在的主要问题

（一）体育服务产品缺乏优势

从广义上讲，体育服务主要包括健身休闲、竞赛表演、场馆服务、中介培训等业务。在2010年之前，体育数据追踪行业在我国的商业化发展程度较低，而近年来随着全球大数据的发展，信息交互速度不断提升，商家都已开始注重挖掘数据追踪产品，IDTechEx公司在体育报告中指出，在2025年体育数据追踪市场的规模会扩展到700亿美元，CCSInsight预计到2022年时，全球可穿戴设备的出货量将达到2.43亿美元，市场规模将达

到290亿美元[①]。而国内的发展仍然只停留在一些基本的检测服务上面，仿照国外制造出的体育服务产品，对于用户本身并没有太多的存在意义，相比于同类型的智能产品而言，竞争力过低。例如现在的运动手环等智能体育服务产品，大部分只拥有检测的功能，检测用户的步数、心率、运动时间等数据，并没有让用户在体验服务的过程，感受体育产品带给自身的便捷之处。

另外，当前智能体育服务产品高昂的价格也成为消费者望而却步的原因之一。商家对于体育产品的价格采取先涨后降的策略。但目前购买此类型的消费者是以年轻消费群体为主，大部分年长消费者的经济来源有限，在消费过程中并不会优先考虑华而不实的体育服务产品。产品的滞销阻挡了市场的扩大，加上宣传力度的薄弱，导致消费者对于体育服务产品的理解较为浅显，脑海中并没有形成智能体育服务产品的概念，因此，在日常的消费过程中往往会忽略这方面的投资。

（二）体育商城O2O化速度过慢

著名学者詹姆士·穆尔在1993年提出了商业生态系统理论，在《掠夺者与牺牲者：新的竞争生态学》一文中，詹姆士·穆尔阐述了他的商业系统观点，认为企业并不是独立运作的，整个商业市场是一个生态系统，企业在其中应该扮演“生产者”的角色，与其他竞争企业共同发展。而当今的体育市场缺乏整体性发展，关联性不强。诸多体育商场仍然采用线下营销模式，健身会所也因为APP平台的限制，无法大规模参与平台营销之中，体育服务市场的O2O进程过慢。如今所说体育服务行业的发展趋向O2O模式，是指线下的体育服务行业与线上的互联网相结合的营销方式，用视觉体验来选择自己满意的商品或者服务，将体育馆门票、健身卡、体育演出与比赛门票以及相关的服务产品放在APP中，利用网上营销的方式增加利润额。而专做线上的体育商城想要在线下开设实体店，就需要更大额度的资金投入。在宣传力度上投入大量资金、忽视实体店的顾客体验，结果导致前期维护的大量客户不能持久。相反，提高了实体店的服务力

---

① 吴宝升．我国体育产业治理研究［M］．北京：人民体育出版社，2020.

度，宣传广告不能够匹配，结果只能是拥有一小批的忠实客户，但短时间内并不能扩大客源，提供更多的经济效益。前期的体育商城只有大品牌才能够完美融合线务，如阿迪达斯、耐克等，大量基层的中小型商家不堪双重的经济支出，短时间内低效的经济回收加上大品牌的竞争压力造成了体育商城全面O2O化的速度过慢，而且截至2021年年底，我国人均体育场地面积为2.41平方米，体育场地的缺少，成为"互联网+"体育服务行业发展模式创新的阻碍点。

（三）体育媒体迈入移动化过程中面临诸多挑战

传统的体育服务行业竞赛表演只可通过电视或在场馆现场进行观看，而随着互联网的发展，信息交互速度加快，传统方式已经不能够满足用户需求，体育媒体的移动化是一种必然的发展趋势。现今对于体育赛事的报道分为两个方面：一方面是视频；另一方面是文字。随着信息化程度的提高，鲜有人在纸质报纸上关注体育赛事，一般采用电脑、手机、网络电视等客户端口查询信息。以手机为例，手机具有不限地域、时间特性，愈来愈多的人通过手机端来关注体育赛事。利用智能手机浏览体育赛事已然成为习惯，体育媒体需迈入移动化，在互联网平台中传播体育运动知识、体育赛事新闻等。当前，媒体网络化发展趋势情形较好，整体处于上升趋势，但内在却潜伏着许多问题，发展中仍存在诸多挑战。

首先是版权问题，随着移动媒体发展与日俱增，体育赛事版权的费用也是随之水涨船高，中小型的企业已然承受不起巨额的版权费用，这就滋生了盗版侵权的问题，如今无论是视频还是文字，盗版现象层出不穷，如何维护版权的问题成为一大挑战。其次，对于用户来说没有办法随时随地查阅体育新闻，观看体育赛事的直播。在公园、地铁、郊外等地方，用流量观看赛事直播会给用户带来资金压力和视频不流畅等问题，公共Wi-Fi设施需要不断完善。目前大多数的体育频道，由于资金以及发展现状问题，导致体育频道缺乏入口优势，且宣传范围较窄。除了腾讯、乐视、优酷等实力雄厚的移动客户端拥有大量的用户基数，中小型视频移动端很难再占有客户人数的优势，无法形成体育媒体移动化体系。体育媒体的移动化在带给用户便捷体验的同时，能加大体育竞技赛事的曝光度，整个赛事在直播中能较大程度保证公平公正，体现公平竞争的奥林匹克精神。

（四）“互联网 +”体育服务市场管理规范程度不高

作为新兴产业，“互联网 +”体育服务的监管制度尚不完善。2017 年年初，工信部颁布了《工业和信息化部关于清理规范互联网网络接入服务市场的通知》，针对互联网蓬勃发展过程中网络信息安全隐患问题，提出了相应的对策。线上行业拥有着海量的用户信息，一旦泄露出去将会给用户造成不可估量的损失。一些非法的盗版视频，给观众带来不良体验的同时还损害了行业的整体利益。盗版分子非法占用版权，私自乱加虚假广告，肆意传播虚假信息，欺骗消费者，这些行为已经构成违法犯罪。虽然政府正在加大力度监管互联网，净化网络环境，但仍无法彻底打压不法分子的侵占欺骗行为。对于体育服务行业的企业和消费者而言，这些人如寄生虫一般，严重阻碍了“互联网 +”体育服务行业的推广和发展，网络监管制度亟待加强完善。

（五）地方政府对于“互联网 +”行业支持政策有待完善

“互联网 +”行业作为国家的创新发展战略之一，地方政府在实施工作方面却效率不高，一方面由于体育知识普及不到位，居民健身意识淡薄，以至于地方体育场地服务产业利润过少，无法支撑正常运营，相继转型到其他产业。少量的企业实行线上营销，对于整体行业地推动作用不强；另一方面由于竞赛表演的场地有限，部分竞赛表演出现“一票难求”现象，非法黄牛将票价炒高，导致体育服务行业经济出现畸形增长。政府对于黄牛的监管力度不足，一定程度上源于监管实施难度较大，不少地方政府实施暂缓政策，造成线上营销发展体系并不能实现对体育爱好者的便捷服务。对于健身休闲而言，体育健身会所占地面积较大，而市区房价、租金较高，健身会所利润低导致会所数量受限，而部分商家选择在边远地区开设大型健身会所，也是导致会所发展缓慢的原因。加快“互联网 +”体育服务产业的发展，还需要地方政府的支持，将国家的创新战略应用到体育方面，严格执行相应的政策，响应国家的号召，为新兴的“互联网 +”产业的推广和发展大开方便之门。

三、全民健身时代“互联网+”体育服务行业发展路径

（一）优化体育产品结构

在全民健身时代下，体育服务产品结构的合理化关系到竞争中能否承受住考验的重要因素。合理的体育服务产品结构既是产品持续发展的必要条件，也是决定其未来发展前景的先决条件。在我国体育产品结构模式方面，急需加强对体育服务产品结构整体性的优化和综合性的推进。在结构优化上，需要做到以下几点：

1. 创建一批拥有自主品牌和国际核心竞争力的体育服务产品公司，形成体育服务产品功能完善、种类齐全的体育产品体系，提升体育服务产品科技含量，开创多层次、多元化体育服务产品结构以吸引更多的消费者，让产品符合用户使用心理及行为规律，并大力宣传产品的品牌文化，增加体育服务产品的附加价值。

2. 以健身休闲、竞赛表演、场馆服务、中介培训等业务为重点打造产品生态簇群，实现各个层次服务产品结构的有机融合。引导体育服务产品多项化发展，增加体育服务产品研发经费，引进国外追踪型运动产品，带给消费者舒适便捷的服务体验。利用产品服务结构的调整对体育产品结构优化的引领性，有机协调体育产品服务机构间的合理发展。进一步强化体育服务产品空间的集聚化、高效化和复合化发展，通过示范引领提升体育产品的集约化水平。重视品牌效应打造优质体育品牌，利用品牌带动相应产品行业发展。

3. 抓住信息化革命推动体育产品结构的效应，引导企业增加科技投入，研发科技含量高的智能制造、可穿戴设备、虚拟现实等智能体育服务产品。体育科技体育产品带给消费者更为新奇的体验，在体验的同时还可以教授正确的运动技巧，催生服务产业新业态，带动体育服务行业整体发展。体育产品是服务行业的基础产业，重视体育科技产品的研发，有助于行业整体转型，推动服务行业形成新多元化、高端化发展模式。

（二）加强线下体验推动 O2O 进程

随着全民健身时代与“互联网+”时代的到来，体育服务行业的发展

态势愈加趋于 O2O 模式，体育服务行业应增进互联网企业之间的合作，开创便捷、多元化的服务模式。体育是一项互动的行业，线上店铺要积极推动与线下的交流体验，但在为用户提供线下服务的同时，也要克服线上平台走向线下商城的不适应过程。线下体验服务注重用户体验，消费者在尝试不同体育健身设施的同时，应有专业工作人员在旁边指导，保护体验者的健身安全。健身会所稳定发展离不开稳定的客源，用户体验满意度高有助于会所的长期发展，专业一体式服务能有效拉近与客户之间的关系。有效的线下体验能够吸引大批客源，形成推广效应。

许多消费者因为不了解健身会所的具体详情，且找不到会所的具体位置，从而对健身逐步失去兴趣。而线上营销就可以解决这样的问题，通过线下推广的体验活动，用户之间相互传播宣传，带动健身会所的名声发展，其他消费者可以通过线上 APP 了解健身会所具体详情，增强会所的知名度。在 APP 方面还应当融入系统化的体育健身知识，设置独立板块放置体育健身视频、文章，设置用户交流平台。将线上的优质资源与线下专业的体育人才与用户实现匹配，满足用户的需求，是体育服务产业与互联网的多元化融合。线下体验的感受可以在 APP 平台中进行沟通，在 APP 平台中可以购买相关服务，这样便捷式的服务更受消费者的青睐。在体育赛事方面同样如此，如乐视体育通过与帕奎奥国际俱乐部的精诚合作，打造了目前国内最大的拳击 O2O 平台，为拳迷们提供一个互动、便捷消费的体育平台。

（三）建立互联网体育服务市场管理制度

现如今的网络诈骗手段层出不穷，网络监管制度仍需完善，因此，政府可以通过与阿里巴巴、腾讯、搜狐等企业合作，建立一个公开透明的体育服务平台，在官方的认证下用户可以放心在平台上操作或者观看体育赛事直播或是消费预购等。同样，消费者可以利用这个平台举报一些网络不法分子，由政府的专门人员去检查核实，证实后给予相应的惩罚。平台也要随时更新一些新的欺骗套路，给平台用户予以警示。例如，对于在网络上散布虚假信息欺骗消费者的行为应增大惩罚力度；增加网络监管人员的数量，对大型网站进行 24h 不间断的检查、排查，打击盗版行为；对于用户的隐私信息进行法律界定，根据泄露程度的不同给予不同的犯罪定义等。当然，互联网犯罪之所以不好实施抓捕就是因为它的灵活性和隐蔽性，想要严厉打击犯法行为，离不开广大人民群众的支持、积极的配合，与政府共同努力营造健康、安全的互联网体育服务市场环境。

（四）加大体育服务行业的优惠政策

正如政府推行的“家电下乡”政策一般，政府需要宏观上将社会资源和市场资源合理调控，为中小型企业提供优质资源，积极推动中小型企业转型发展。如减少中小企业的税收，增加线上运营的资金补贴。在原材料方面实行低价出售政策，为企业提供科技人才，对网络运用进行技术指导、培训等，通过优惠的福利政策鼓励更多企业加入互联网发展体系中。

随着“全民健身”理念的深入，越来越多的居民参与体育健身，体育用户基数正在逐渐扩大。政府应完善健身场地设施和场馆服务，给消费者提供健身器材，满足居民健身的需求。政府应鼓励企业转型，营销一些类似满足“Nike - Running”手机应用的运动腕表，如 Fuelband 这类能带给消费者提供便捷服务的智能体育产品。对于大型的体育赛事要提前做好宣传工作，为平台直播造势，在其中掺杂一些观看直播过程中的福利，竞猜有奖或者观看多长时间有奖等，吸引更多的观众通过指定的平台观看直播，政府适当减少宣传限制，减少盗版商的侵权行为。实现线上平台与线下体育服务产业实现互惠互利、共同发展。将体育服务行业的优惠政策要落实到实际行动中来，切实实现惠民利民。保证庞大的用户数量是“互联网 +”体育服务关键，政府应将消费者需求放在首位，对体育服务行业进行政策创新，才能让新模式下的产业得到高效运营发展。

“互联网 +”商业发展模式已然具备“第三次工业革命”色彩，“互联网 +”体育服务行业存在巨大的发展潜力，在发展中可能会超脱现有的发展模式，产生各式各样的新型商业模式。体育行业中的主体服务业应及时抓住本次革命的机遇，利用“互联网 +”重构产业体系，以优化服务体系为主要目标，融合线上运营模式，创新产品结构。未来互联网会继续发展，体育服务行业应及时解决当今发展中现存问题，在政府的帮助下改善商业体系结构，形成“竞争中合作”的商业模式。

第三节　其他体育信息服务

一、信息服务产业概述

（一）信息服务及其产业的界定

信息服务是与信息和信息工作密切相连的，涵盖了整个信息工作内容，它包括信息的搜集、整理、存贮、加工、传递、提供利用等各项活动。因此，信息服务是一个不间断的过程，其各个环节都是密不可分的，信息服务渗透于每一个环节之中。由此可见，信息服务是以信息技术设备为手段，运用科学的方法，针对特定需求向用户提供特定信息产品的有计划、有目的的活动。

什么是信息服务产业？这里引介英国政策研究所（PSI）在其 1993 年年度报告中所给出的定义：“信息服务产业是一种包括商业性质和非商业性质活动的产业活动。这些产业活动与生产、出版和推广发行信息产品和信息服务直接有关。”因此，我们可以将信息服务产业理解为，服务者以独特的策略和内容帮助信息用户解决问题的社会经济行为。

（二）信息服务产业的形成和发展

在高速发展的当今社会，像物质与能源一样，信息越来越被人们重视，无论是发达国家还是发展中国家，信息的生产与利用已经达到相当社会化的程度，特别是信息服务的产业化正成为信息服务发展的总体趋向。从世界范围来看，作为信息产业的重要组成部分，信息服务业成为一个有生命力的社会产业，是最近半个世纪特别是 20 世纪 80 年代以来信息技术和信息产业快速发展的结果。在美国、日本和欧洲大多数国家，信息服务已发展成为一种服务业，是信息产业的重要组成部分。

产业发展的规模和速度取决于社会生产力发展的水平，国家经济实力的强弱，人民物质文化生活水平的高低，地区经济发展程度和国际经济地位的提高。在我国，从信息服务活动到形成信息服务产业，被社会承认“信息服务”也是一种产业活动，期间经历了相当长的一段时期。20 世纪 80 年代以前，在我国社会主义计划经济体系内，所有信息活动基本上属非盈利性质的社会公益性信息活动。一直以来是作为“科技情报事业”“信息事业”，而不是一种社会经济活动存在的[①]。由于没有形成以市场为主的信息产业活动，因此也就没有形成“信息服务业”这一产业概念。借助现代通信、网络和计算机技术等手段和工具对信息资源进行开发利用，无疑将会推动信息资源的共享，而开发利用的不断强化和面向市场，则必然促进信息服务业的发展。20 世纪 80 年代以来，随着我国国民经济的快速发展，产业化范围的扩大和产业化程度的提高，信息活动除保留公益服务的基本活动外，开始面向市场追求利益价值，并由此拉开了产业化发展的序幕。在进入 20 世纪 90 年代以后，随着计算机和互联网技术在我国的迅速普及和应用，信息服务产业由此进入了超常规快速发展时期。

二、体育信息服务的发展与现状

根据对信息服务的界定可以推演出体育信息服务的含义，即对各种体育信息资源进行搜集、整理、存贮、加工、传递、提供利用等活动。体育信息服务产业事实上就是对体育信息资源进行收集、处理、研究、存储、传递和提供的产业活动，涵盖了传统体育信息服务、咨询、报道、出版、数据库服务、计算机信息处理、通信和教育等多方面的内容。

与信息服务产业形成和发展轨迹相类似，体育信息服务也经历了从“传统”到“现代”、从“事业”到“产业”的发展过程。体育信息服务在我国有较长的发展历史，早在中华人民共和国成立初期，国家体委在建立体科所和体育学院时，就在其内部建立了情报资料室和图书馆，同时各省级体科所也建立了情报资料室，这些信息机构的工作重点是：学习国外

① 韩开成．体育管理学［M］．重庆：重庆大学出版社，2019.

经验，进行初步的组织系统建设；开展图书阅览服务；翻译国外运动训练、竞赛信息，为我国重点运动项目提供信息资料。

从中华人民共和国成立初期到20世纪90年代初期间，成立了中国体育科学学会体育科技信息专业委员会，多次召开全国性学术会议，并出版了《体育情报工作理论与实践》等专著和论文，创办了体育信息专业刊物；在应用研究方面，编制了《全国中文体育期刊篇名目录》《体育汉语主题词表》，建立了目前已被广泛使用的体育文献、运动成绩等数据库，同时开展了体育信息知识的普及教育。作为一项提供科技情报的事业性信息服务，其基本不考虑直接经济效益，运作经费主要来源于政府财政拨款。

进入20世纪90年代以后，体育信息服务的方式、内容、对象和性质发生了深刻的变化。从1995年国家体育总局信息所联通国际互联网，开始利用网络收集信息，到近年来《中国体育资讯网》《中国大众体育网》《中国体育信息网》正式开通运行；从YAHOO（雅虎）、SOHU（搜狐）、SINA（新浪）等一些门户网站设立的体育新闻栏目，到如今一动网、体育在线、中国体育网等一大批综合性体育网站的涌现；从一些单项协会和管理中心在中体网的协助下相继建立网站，到近年来一批体育政府和体育院校网站的先后开通，数字化、网络化贯穿了信息搜集、整理、存贮、加工、传递、提供利用的整个过程，计算机和网络开始成为提供体育信息服务的主要手段。其服务内容由科技信息为主开始向多领域信息转变，逐渐贴近社会和市场需求，其服务对象由原先的政府、科研机构逐步扩大到全社会，其服务性质也由公益性逐渐向产业化过渡。一些体育信息机构、信息网站已发展成为自负盈亏的经济实体，成为体育信息服务产业发展的新军，体育信息服务已初步具备了产业化经营的规模和条件。

三、体育信息服务产业发展的影响因素

从系统论观点来看，信息服务业的发展，不仅取决于信息服务业系统内部要素的优化和信息技术的先进，而且要受到社会经济、政治、文化等

环境因素的影响和制约。

首先，体育信息服务产业的发展受到信息资源管理的制约。从某种意义上看，可以把发展信息服务产业看成是对信息资源进行宏观管理的一种手段。信息服务的完整提法应该是信息管理和服务。发展体育信息服务产业，对体育信息机构的信息管理和处理能力提出了更高的要求。因此，在进行体育信息的搜集、整理、存贮、加工、传递、提供的过程中，打破条块分割、各自为战的弊端，对文字、图像、图形、声音、视频等多媒体信息进行有效管理，已成为体育信息服务产业能否满足用户需求，进而谋求自身生存、发展和壮大的关键因素之一。

其次，体育信息服务产业化受到体育信息市场发育水平的制约。信息市场是指信息交换关系的总和，它包括商品化的信息产品和相关服务的交易。信息市场是信息服务产业赖以生存和发展的基础，体育信息服务产业只有面向市场，才能形成自我支持、自我发展的良性循环。在体育信息市场的培育和造就过程中，体育信息服务机构应从中找到谋求产业生存与发展的途径和运作机制。

最后，体育信息服务产业的发展受到专业人才短缺的制约。信息服务产业集知识、技术、智力于一体，属人才密集型产业。体育信息服务产业要想获得更高层次的发展，就必须拥有一批适应现代化信息服务发展的信息技术人才、经营管理人才和体育复合型人才。高素质的专业人才对加强信息资源管理、促进信息产品增值和参与信息市场运作有着决定性作用，是提高信息服务水平的关键。

四、全民健身时代体育信息服务发展的创新途径

在全民健身时代，新媒体高速发展，使体育信息服务的发展创新更多的是对传统媒体时代下的体育服务进行完善，保留有效的体育服务，将与新媒体发展与体育信息服务发展相悖的地方进行改进。在全民健身时代，体育信息服务发展创新的内容包括：体育信息服务内容的发展创新、体育信息服务方式的发展创新以及体育信息阅读体验的发展创新。

（一）体育信息服务内容的发展创新

体育信息服务内容的发展创新，是将体育信息服务要推广的体育信息内容进行有效整合与精简，并将体育信息按照重要程度进行推广①。体育信息服务内容的发展创新目的，是方便受众在阅读体育信息时，能够清晰明了的读懂体育信息所要表达的中心思想，让受众在主次分明、通俗易懂的体育信息中，享受对此种体育信息服务内容，体育信息服务机构也能实现其自身具备的价值。

在全民健身时代下，实现体育信息服务内容发展创新的途径可从以下四个方面展开：第一，有效强化特色体育信息服务；第二，广泛开展个性化体育信息服务；第三，积极举办体育相关知识与资讯的培训和讲座；第四，完善体育信息资源库。众所周知，全民健身时代是电子科技、网络发达的时代，各种信息的传播与推广都在顺应时代发展的步伐进行发展创新与改善。而现今人们的生活节奏快，工作繁忙，阅读体育信息的时间越来越少，因此，体育信息服务机构要针对受众特点，将体育信息进行分类与精简，特色体育服务与个性化体育信息服务必须跟上时代步伐，以免被其他信息服务的发展创新比下去。

（二）体育信息服务方式的发展创新

基于高科技数字产品，如手机、电脑、平板等，体育信息服务机构可以有效利用时代产物，建立手机、电脑、平板类型的掌上图书馆。体育信息服务机构可以将体育信息以手机短信的形式发送到用户手机上，提醒用户及时观看体育信息，如手机移动用户 10086 话费余额提醒一样，体育信息服务机构可设立体育讲座、体育知识培训方面的短信提醒业务。体育信息服务机构也可以建立专业的电子期刊，将最新的体育信息以期刊的形式发布出去。

体育信息服务的方式多种多样，体育信息服务机构在有效利用全民健身时代特点之余，还可参考其他信息服务方式的发展创新途径，取长补短，完善自身发展创新方式。体育信息服务机构在完善体育信息服务方式

---

① 许赛赛．体育产业经营管理理论研究与实践探索［M］．北京：中国经济出版社，2020.

发展创新之余，还应考虑到受众的互动与交流的方式，对互动平台进行有效改进。

微博、博客、知乎等，此类群众利用网络进行交流与互动的平台越来越红火。体育信息服务机构也可利用此互动平台，在微博、博客、知乎等客户端，将体育信息的最新消息、培训与讲座的相关信息等内容进行发布，并对微博、博客等客户终端进行维护，关注受众对发布信息的交流，及时对受众提出的问题进行讲解与回复。通过交流互动平台，可以让受众更加享受体育信息服务，体育信息服务机构也能知晓体育信息发布所产生的效果，了解受众的关注点，在受众的互动中汲取经验教训，并在下次信息发布时进行改进，在微博、博客等互动交流平台，具有“我的收藏”“我的关注”“我的粉丝”等个人信息集成站。体育信息服务机构也能设立一个类似“我的体育情报”这种的个人体育信息管理站，对感兴趣的体育信息收藏，对感兴趣的体育人才关注，优先收取感兴趣的体育信息。

（三）体育信息服务阅读体验的发展创新

全民健身时代下，很多行业都开发了独立的体验天地，如苹果产品销售实体店，在每项产品上下载了受众经常玩乐的客户端，包括聊天软件、阅读客户端、单机游戏、网络游戏等。苹果产品销售实体店还将每项产品联网，并对店内所有客户开放店内网络，没有买产品意识的客户，也能在店内上网。苹果产品销售实体店制造这种完善的产品体验环境，让客户能够自由安心的在店内选择产品。将日常所涉及的软件提前下载安装，让客户提前感受产品各方面的性能。

体育信息服务机构也要为受众提供专业的阅读环境，让受众能够全心全意地进行体育信息的阅读。优质的阅读体验环境，是让受众爱上体育信息阅读、享受体育信息阅读以及提高体育信息阅读效率的关键所在。另外，体育信息阅读体验可以开设奖励活动，激励更多受众进行参与。对于书刊形式的体育信息阅读体验，可以设立移动数字图书馆，24 小时自助借书还书服务，让受众有更多的时间与空间进行体育信息的阅读体验。

总之，在全民健身时代，不仅是社会上多出了传播媒体的新型科技产品，也是我国社会经济发展的有效证明。人们的生活水平越来越高，对于身体素质的要求、文化的学习也在完善。闲暇之余，人们开始关注体育信息，参与体育活动。因此，体育信息服务机构要在全民健身时代下，充分发挥时代的优点，将自身的服务进行完善与发展创新，提高体育信息服务的质量，增加体育信息服务的效益。

第九章

全民健身时代其他与体育相关服务发展

第一节　体育旅游活动

一、体育旅游的概念

体育旅游可理解为有身体参与性活动的异地休闲活动。这种方式的活动具有良好的体育锻炼价值，能够促进身心的健康发展，增长相应的知识。体育旅游对于上班族来说，具有强身健体的作用。同时，在旅游过程中，还可以拓宽眼界，增长见识。

我国社会正在逐步进入老龄化阶段，各项休闲娱乐具有“轻体育”的倾向。“轻体育”有益于人体健康的发展，还能促进精神和心理方面的调节，对于中老年人来说具有重要的价值。体育旅游属于一种“轻体育”，对中老年人特别适合。

从广义上看，体育旅游应归为旅游的范畴，其是在旅游过程中各种休闲、娱乐、体育及体育文化交流等方面的活动，与旅游企业、旅游地及整合社会之间关系的总和。从狭义上看，旅游者为了满足体育需求，利用各种体育活动并充分发挥其各种功能则称为体育旅游，这种活动使旅游者的身体和心灵得到全面的健康和谐发展，并不断促进社会精神文明的进步，不断丰富社会文化生活。

二、体育旅游业的构成

体育旅游业在我国发展迅速，虽然起步较晚，但是未来几年将成为旅游业的重要组成部分。体育旅游是一种重要的旅游项目，具有自身的独特性，也具有一般旅游项目的特点。体育旅游业以体育旅游资源为基础，以旅游活动为载体，满足了人们体育和旅游的综合需求。体育旅游业具有以下内涵：第一，体育旅游资源是体育旅游业的主要依托。在开展体育旅游业时，需要具有一定的体育旅游资源，这样才能对体育旅游者有充分的吸引力。第二，体育旅游企业开展体育旅游活动，其服务对象为体育旅游者。第三，体育旅游产业由各种相互关联的行业构成，是一种综合性的产业。体育旅游内部各行业通过提供相应不同的服务和产品满足体育旅游者的不同需求，以促进体育旅游活动的开展。

体育旅游业一般可分为直接体育旅游业和间接体育旅游业。所谓直接体育旅游业，主要是指与体育旅游者密切相关的产业，这些企业得以存在的原因是需要体育旅游者进行消费，这些体育旅游企业包括旅行社、交通、旅馆、餐饮等[①]。体育旅游者并不是间接体育旅游企业的主要服务对象，这些企业的生存并不会因为体育旅游者的存在与否而产生危机，这些企业包括游览娱乐企业、销售业等。

由此看出，较为全面的看法则包括直接体育旅游企业和间接体育旅游企业，还包括各种旅游组织支持发展的体育旅游。具体来说，我国体育旅游业的部门主要有以下几个方面构成：

一是体育旅游餐饮住宿业，主要包括宾馆、饭店、野营营地、餐厅等；二是旅行业务组织部门，主要包括体育运动俱乐部、体育旅游经纪人、体育旅游经营商、体育旅游零售代理商等；三是游览场所经营部门，主要包括体育运动基地、体育主题公司等；四是交通运输通信业，主要包括航空公司、铁路公司、海运公司、公共汽车公司、电信局、邮政局等；五是目的地旅游组织部门，主要包括国家旅游组织（NTO）、地区旅游协会、体育旅游组织等。

以上五个部门之间存在着相同的目标和相互促进的关系，即为促进体育旅游目的地的经济发展，不断吸引、招揽以及接待外来体育旅游者。虽然有些企业某些组成部分不是以直接盈利为目的，如体育旅游目的地的各级旅游管理组织，但是在促进和扩大商业性经营部的盈利方面起着重要的支撑作用。

---

① 陈美红．我国体育旅游产业发展之路研究［M］．北京：中国书籍出版社，2020.

三、发展体育旅游业的作用

（一）供给作用

良好的供给作用是体育旅游业在推动体育旅游发展的过程中发挥的作用，主要体现在体育旅游业为体育旅游者提供产品供给。在体育旅游业的供给作用下，体育旅游向市场化、规范化发展，得到了更广泛的普及，参与人群也在不断增多。因此，体育旅游的产业化发展是其能够得到健康、有序发展的重要保证。

（二）组织作用

体育旅游业存在的重要基础是促进体育旅游市场的不断发展壮大，体育旅游的供给与需求不断形成了体育旅游市场，这和体育旅游业具有相应的组织作用有密切联系。在体育旅游业发展的过程中，在需求与供给相互协调的作用下共同促进了体育旅游业的发展。

组织和生产相应的配套产品，并提供给市场和旅游消费者。在供给方面，体育旅游业要以市场需求作为主要依据；在需求方面，体育旅游业为笼络消费者，把他们引导向自己的产品，大多会通过多种营销手段。在这一过程中，体育旅游业组织和沟通了供给和需求，实现了两者之间的互动和协调。

旅游业重要的组织作用从诞生之日起就突显出来，体育旅游业从无到有，并且对体育旅游活动规模的发展壮大起到了积极的推动作用。体育旅游业发挥的组织作用产生了非常多并且非常有意义的结果，其主要体现在包价体育旅游的推出和自助的“背包客”等方面。

（三）便利作用

体育旅游业的重要特点是体育旅游业为人们提供服务和产品，便利了人们的生活。各项体育旅游产品和服务满足体育消费者各方面的需求。较为普遍的现象是体育旅游者使用体育旅游业提供的旅游服务。因此，体育旅游服务起到了非常重要的作用，它不仅将目的地与客源地联系在一起，同时有利于旅游目的与旅游动机的实现。相关的体育旅游企业为他们安排好旅游行程以及在旅游目的地停留期间的活动和生活，旅游者完全没必要担心。体育旅游业起到的便利作用在很大程度上使体育旅游活动得到迅猛发展。

体育旅游活动的规模正是在体育旅游业方便便利的影响下逐步扩大的，不仅参加体育旅游活动的人数在逐步增多，而且其出行的跨度也越来越远，促进了体育旅游业的进一步扩大，这使体育旅游业的社会发展前景也越来越广阔。

总的来说，现代体育旅游业的迅猛发展，与其便利作用具有重要的关系，体育旅游活动的不断开展是由体育旅游业的便利服务不断推动的。企业在体育旅游业发展过程中，应积极注重其便利作用，这样才能更好地实现企业的发展。

四、体育旅游业发展现状

作为幸福产业的重要支柱，体育旅游的融合、高质量发展既是相关产业的发展趋势，也符合我国经济发展“新常态”的现实需求。“十四五”是开启全面建设社会主义现代化国家新征程的首个五年，我国正处于从高速增长向高质量发展转型的攻坚期，而体育旅游产业的发展也面临从外延式数量型增长向内涵化质量型增长转型。

从体育旅游产业整体发展规模分析。从横向层面来看，2015 年以来，我国体育旅游产业年均增速高达 30%—40%，高于同期全球体育旅游产业年均增速的 15%，但从体育旅游产业市场份额来看，我国仅占 5%，远低于发达国家平均占比 25%①。从纵向层面来看，随着我国居民人均可支配收入不断升高，消费升级的趋势得到进一步确立。体育旅游兼具高水平赛事观赏、社群活动交流、明星粉丝效应、休闲娱乐体验等多种用户黏滞性强的特性，其市场规模不断扩大，增速明显。2018 年体育旅游产业市场规模达到了 2605 亿元，几乎是 2013 年的两倍，且近五年增速保持在 15% 左

① 薛林峰. 产业融合驱动体育旅游产业高质量转型发展研究 [M]. 北京：人民体育出版社，2019.

右。在新经济、新基建、新客群以及新需求的时代背景下，体育旅游产业正处于高速发展阶段，整体规模也在不断扩大。

从体育旅游产业整体发展模式分析。体育旅游产业通过市场延伸、技术渗透、资源整合、项目升级等多种融合模式，衍生出诸如体育主题公园、体育赛事旅游、体育民俗旅游、体育休闲度假旅游等多种新型业态。其中，以自然风光依托型体育旅游产业为代表的福建屏南县白水洋鸳鸯溪旅游区，以体育赛事依托型体育旅游产业为代表的陕西商洛市户外游等不仅是体育与旅游高度融合的产物，更是“体育+”和“全域旅游”良性融合的现实表现，极大地丰富了体育旅游产业的业态，符合人民群众日益增长的体育旅游需求。

新时代背景下，我国体育旅游产业总体呈现发展规模持续壮大、发展模式不断创新的良好格局。未来在国家政策引领、产业发展趋势、消费需求提升、科学技术创新等利好推动下，体育旅游产业将以创新突破实现多元化发展。

五、体育旅游业的发展路径

（一）完善顶层设计，健全产业政策体系

1. 产业结构政策层面。产业结构政策主要包括主导、支柱、衰退援助和幼稚扶植四大产业政策。主导产业政策方面，充分发挥市场机制作用，加大对企业、社会组织的培育，优化体育旅游产业资本结构，吸引社会力量参与投资，不断激发市场活力。例如，依据《上海市城市总体规划（2017—2035年）》提出了“建设世界著名体育城市和赛事之都”的战略目标，明确聚焦发展体育旅游服务业。支柱产业政策方面，以推进住宿和餐饮为重点，体育旅游产业作为一项交叉融合型产业，离不开相关配套住宿餐饮产业的支撑。衰退产业政策援助政策方面，以交通和购物为重点，提升交通设施便利度、衍生购物产品吸引力，从而扩大体育旅游消费市场、提升体育旅游消费水平。幼稚产业扶植政策方面，以推进互联网和教育为重点，整合“体育+旅游+教育+科技”等新兴资源，激发新的消费

增长点，提升体育旅游产业的运营管理效率。

2. 产业组织政策层面。产业组织政策是对产业或企业采取的限制性或鼓励性政策措施。对产业发展而言，统一协调的市场竞争规则非常关键。体育部门、旅游部门、文保部门和住建部门等要联合研制竞争性政策代替传统政策，激发体育旅游市场的竞争力。首先，对现有政策法规和规章制度进行审核。其次，对公共体育旅游服务、体育旅游设施等外部性较强的领域开始逐步协调市场竞争规则，并将一系列规章制度上升至法律高度，推动竞争规则的法治化进程。最后，健全市场信用制度、监管和评估体系，相关部门对接社会信用体系联合研制体育旅游产业的从业准则、信息采集管理系统和第三方评估制度。通过建立良好的竞争秩序，激发体育旅游市场活力并产生规模经济效益，优化市场结构，促进体育旅游产业规范有序发展。

3. 产业布局政策层面。合理研判体育旅游产业内部资源禀赋、消费市场大小等实际情况，制定科学合理的产业布局政策，合理引导产业政策供给和需求动机。例如，紧扣当今发展格局，围绕长三角地区、粤港澳大湾区、京津冀区域等热点区域优先发展，但也应积极引导和扶持中西部地区的梯度发展，在推动体育旅游产业发展的同时推进精准扶贫战略，让体育旅游产业发挥激活区域经济发展的积极作用。首先，加快编制专项规划，各地区出台特色《体育旅游产业发展规划》，加快区域内产业布局和结构一体化进程，使体育旅游产业和区域产业发展保持较高的协调性。其次，构建规划落实考核机制。相关行政部门联合成立实施领导小组，统筹协调财政、税收、资源、公共服务等方面，以落实机制保障政策的全局性、针对性。各部门明确自身责任与分工，将其纳入部门年度考核，确保政策有效落地。最后，强化政策制度性，从法律层面逐级明确政府职能部门、企业和社会组织的任务，强调体育旅游产业落实程序的协同运作。

（二）优化市场环境，丰富多元主体建设

1. 优化市场环境，完善市场规则体系。一是推动协同平台建立。在国际、区域交流合作日益密切的背景下，资源共享协同平台的建立将成为产业高质量发展的创新之路。借鉴长三角一体化进程中成立的我国首个跨区域合作机构“长三角区域合作办公室”，建立区域性的“体育旅游产业协调管理机构”，在机构的指导下密切跟踪体育旅游发达国家的市场演进新态势，更好地发挥平台的资源整合、资源共享优势，通过汇集并分析体育旅游资源、体育旅游人口、体育旅游服务等多维度数据，为区域的体育旅游产业信息互通共享奠定基础。

二是完善市场标准与管理办法。要重点围绕体育旅游服务、体育旅游产品、体育旅游制造、体育旅游投资、公共体育旅游服务等领域，加快体育旅游产业标准化建设，即基础标准、保障标准、供给标准和要素标准，促进产业内体育旅游市场主体能够在统一、规范、有序的行业标准与管理办法下健康持续发展。

三是加快落实市场准入负面清单制度。市场准入负面清单制度不仅是发挥市场在体育旅游资源配置中起决定性作用的基础，也是更好地发挥政府作用的内在要求，更是加快构建现代化体育旅游产业市场体系的必经之路。应全面落实市场准入负面清单制度与外商投资负面清单制度，营造良好的公平竞争环境，引导市场主体的积极参与，从而汇集高端且创新的体育旅游生产要素。

四是构建“亲清”政商关系，打造优质营商环境。“亲清”政商关系的构建是现代化市场体系的支撑，也是推动体育旅游产业高质量发展的必然选择。行政部门要提升对体育旅游民营企业的服务效率，推动行政审批制度改革，同时要“严执纪，强监督”，吸引国内外优质资本进入体育旅游产业，利用5G、大数据等新兴科学技术完善体育旅游市场体系，激发市场发展的活力。

2. 丰富体育旅游产业主体的建设。首先，国有企业层面。国有资本控股的企业对于破解产业各要素中存在的短板具有重要作用。一是破解融资难题。国有企业经济基础较好，设立专项发展基金，强化与金融机构的合作，加大体育旅游产业对其他行业企业的吸引力。二是破解服务产品难题。国有企业作为企业领头羊，在推广服务产品方面具有天然优势，通过打造推广具有特色的体育旅游服务产品，畅通销售渠道，加强服务产品的辐射能力。三是破解发展线路难题。国有企业拥有和行政部门良好关系的天然优势，应结合产业总体发展规划，提升服务产品质量，加快当地特色体育旅游产业布局进程，将各环节和要素穿点成线、串珠成链，形成多条具有地域特色的体育旅游精品路线，逐步建立体育旅游产业集群。未来国有企业需要进一步完善企业内部治理结构，即建立健全法人治理结构；加强董事会建设，落实董事会职权；坚持党的领导，发挥党委会的法人治理功能。

其次，民营企业层面。加快打造体育旅游产业链名牌企业，积极扶持具备核心竞争力的民营体育旅游企业，鼓励当地龙头企业挂牌上市，推动民营企业向上下游延伸形成竞争优势，提升关联企业的管理现代化水平与核心竞争力，提升关联企业管理者领导能力与专业技术人才素质。同时，通过企业孵化器平台、政府购买公共服务、信息网络互动平台等方式展开针对中小微体育旅游民营企业的精准培育。通过推动当地企业发展，与国有企业形成良好补充。未来民营企业需要建立现代化的企业制度；加强与行政部门的协同合作；推行职业经理人制度。

最后，社会组织层面。一是加快体育旅游产业行业协会的建设，充分发挥其引导作用。在政府职能转变背景下，推动相关协会改革，适度下放权力，开放体育旅游资源。二是推动体育旅游俱乐部发展。构建统一化的俱乐部管理平台，统筹管理各类俱乐部，推动职业类俱乐部发展，结合当地经济发展水平状况适度引进高尔夫、帆船、滑翔等新兴项目，引入高水平赛事，发挥俱乐部吸纳社会成员的优势。三是推动基层体育旅游社会组织发展。适度降低社会组织准入门槛，加强监督管理水平，通过社会组织培育基地、专项扶持资金等形式将更多组织纳入体育旅游服务供给体系，形成多元供给主体参与的新格局。

（三）夯实人才基础，培育引进多措并举

1. 丰富课程体系，夯实知识储备。高校体育旅游专业相关的课程设置要根据体育旅游发展现状不断更新，尤其是在核心课程设置上进行动态调整。现阶段课程主要涵盖旅游学概论、导游业务旅游规划与开发等，未来应重点加强旅游学概论与体育学概论、体育管理等相关基础课程的结合，形成以旅游管理核心课程为主线的合成型课程，增强“体育＋旅游”的融合度。在体育旅游尚未成为主要学科的现状下，通过加强实践课程的数量和质量，增设参与式、体验式的课程，提升专业人才的适应能力。同时，高校要重视学生体育旅游前沿知识的培育，与相关企业深入推进“校企合作”“产教融合”，让学生在社会实践课程中获取体育旅游最前沿的知识讯息，拓宽其专业视野。

2. 完善相关实践技能的认证与评估。体育旅游专业人才不但需要具备旅游人才所具备的导游、营销、管理、策划等技能，而且需要具备相应的休闲体育专业技能，其专业技能在体育旅游市场发展中的作用大于理论传播。因此，要注重对学生休闲体育运动技能的传授、指导，如野外探险、素质拓展、滑冰滑雪等。这就需要将专业技能标准化纳入人才培养体系，通过设置相应的专业技能等级认证与评估办法，从日常课程到社会实践进行全方位的技能培养，从而达到科学化、高效化的标准化评价。

3. 多种渠道引进人才。体育旅游产业的高质量发展不仅需要体育旅游专业人才，同时需要策划、运营、管理、营销专业人才，尤其是通过柔性引进的方式，鼓励高层次紧缺人才进入体育旅游产业领域，起到引领与带动的作用，建设符合新时代体育旅游产业高质量发展的人才队伍。

（四）深化科技创新，推动产品服务升级

1. 以科技创新赋能产品服务。政府要履行好服务职能，为产品服务升级创造良好的政策环境，出台一系列扶持优惠举措，鼓励相关企业进行高科技产品服务的创新、研发和生产，政府与市场共同营造出良好的体育旅游产品服务的消费环境，维护消费者的权益，积极培育消费市场。相关企业要围绕体育旅游产品服务的科技创新应用，依托5G技术、虚拟现实技术、体感技术、人工智能技术，推进传统体育旅游产品服务的数字化场景改造，借助互联网直播优势开拓线上消费渠道。

2. 以科技创新优化产业布局。充分发挥京津冀、长三角、珠三角等地区的区域协同优势，由体育部门和旅游部门牵头成立体育旅游产业科技创新中心，尤其是发挥当地高校、科研机构和企业的优势，促进产教融合。一是高校和科研机构为企业输送高质量人才，为产品服务升级提供了科技人才支撑；二是高校和科研机构为企业提供科研成果，夯实了产品服务升级的技术支持；三是企业为高校和科研机构提供成果转化的平台，为产品服务升级提供资金支持。

3. 以科技创新驱动精准供给。体育旅游产品服务升级的关键在于如何更好地运用内容资源，尤其在信息技术高度发达的今天，通过将互联网技术融入产品服务，将体育旅游产业价值链延伸重组，从体育旅游产业自身的资源特质、功能特色和市场定位出发，借助互联网技术分析不同地区、不同年龄、不同性别等不同层级消费者的体育旅游需求偏好，由此形成差异化生产、灵活性营销策略、个性化服务，破解传统产品服务同质化供给的困境，让产品服务更好地匹配消费者的需求。

第二节　体育健康服务

一、体育健康服务业的概念

体育健康促进是指利用体育手段来优化人们的行为和生活方式的过程，是根据不同人群的生理特点，科学选择和参与体育活动，达到增强体质、控制疾病的发病率、改善慢性病病人的疾病状态、提高生命质量、延年益寿的作用的行为。体育健康促进就是通过体育锻炼促进健康、达到预防疾病和提升健康水平的过程及行为。

体育健康服务业是体育服务业与健康服务业的融合，体育健康服务以增强人民体质、提高全民健康水平为宗旨，以体育理论、健康促进理论、现代医学理论为理论基础，将体育体系与医疗卫生体系有机结合，依托社区、医疗机构、体育场馆、学校、俱乐部等场地资源，向社会公众提供体质监测、科学健身指导、康复保健等服务内容①。总的来说，体育健康服

① 王军红．体育健康产业创新发展研究［M］．长春：吉林人民出版社，2020.

务业是以体育的健身健心功能和自身价值为资源，以提供与健康相关的体育服务产品为主的各类服务部门的集合。体育健康服务的实现形式是“体医结合”，其含义是指运用体育运动方式配合医学治疗方案促使身体恢复健康的一种模式，其特色在于综合运用养生保健和运动处方等多种医体元素。通常可根据医学检验和体质测评评估个体健康状况或身体素质，并参考相关指标制定科学的、个性化的运动处方。

二、发展体育健康服务业的重要意义

（一）整合体育、医疗卫生资源，提高健康水平

无论是以体育系统为主管部门开展的全民健身还是以卫生系统为主管部门开展的健康促进，两者都是以提高国民健康为宗旨，是实现同一目标的两种途径。体育健康服务就是以提高健康水平为切入点，强化体育部门与卫生部门的联系合作，协调、整合体育、卫生等社会资源，建立“体医结合”的健康中心，可以满足国民对健康的需求，提高健康水平。采用医体结合的方式，有利于科学地帮助人们改变不良的生活方式，掌握卫生保健常识和科学健身方法，控制和降低慢性病的死亡率和发生率，增强居民的健身意识，改善其健康状况，减少医疗支出，减轻社会负担。实现“体医结合”，是一种群众体育与医疗卫生相结合的新型合作模式，是21世纪推进全民健身的新渠道。

（二）延伸体育产业链条，创新服务模式

推动体育强国建设和全民健身建设，实现体育产业跨越式发展。目前，我国体育产业针对体育健康服务业仍是空白的。自国务院印发《国务院关于促进健康服务业发展的若干意见》《关于加快发展体育产业促进体育消费的若干意见》《国务院办公厅关于加快发展生活性服务业促进消费结构升级的指导意见》以来，各级政府高度重视，利用这一政策红利，努力促进健康服务业与体育服务业的深度融合，抢抓体育健康服务业发展的重大机遇，有利于延伸体育产业链条，加快体育产业结构调整升级，创新服务模式，提高服务质量，促进体育产业健康、可持续发展。

（三）满足人民群众的健康需求

随着社会的迅猛发展、人类疾病谱的变化、健康危险因素的增加，国民体质状况不容乐观。据相关调查显示，各人群体质总体水平增长，但成年男性略有下降，反映最大力量的握力指标继续下降。人口老龄化进程日益加速，慢性病成为困扰人民群众健康的威胁之一。人们对健康期望值的增加以及医疗费用的膨胀促使人们转变传统的健康观，越来越多的人认识到体育锻炼不仅是健康生活方式的一部分，也会成为某些疾病的辅助治疗工具。相关研究表明，科学合理的运动方式使冠心病和中风风险减少35%，骨质疏松风险减少83%，精神抑郁、焦虑、低自尊等心理疾病风险减少30%，老年痴呆风险减少30%等。践行健康的生活方式、加强体育锻炼日益成为人民群众的追求。发展体育健康服务业，大力促进康体、医体结合，推动健康关口前移，是实现体育工作的重要方式之一。

（四）推动科技创新，协调创新合作机制

发展体育健康服务业不仅是面对面的监测、指导、康复服务，还需由大数据、互联网等支撑的远程体育健康服务。“互联网+体育健康”不断地融合发展，远程健康服务、智能服务产品将成为大众生活中的必备品，购买健康服务产品的需要必将成为社会发展的流行趋势。因此，推动科技创新势在必行。加快大数据和云计算建设，搭建体育健康服务综合信息平台和各地区之间的基础数据库，将有利于建立健全各服务机构之间的业务协作机制，畅通信息共享、多方合作的渠道，使体育健康服务业良性发展。

三、体育健康服务业发展存在的问题

（一）发展结构不甚合理

首先，体育健康服务的消费市场有着明显的区域化特性，由于各省市之间经济发展水平不均，管理手段形式各异，造就了不同区域的市场不确定性，存在较多损害连锁经营产业组织的发展，如时常发生价格战、恶性竞争等市场行为，导致市场秩序混乱。其次，体质监测服务、科学健身指

导服务、体育康复服务之间关联性不强，缺乏有效沟通机制，服务内容之间存在断层，体育企业服务产品水平低下，导致居民参与体育消费的积极性不高，从而影响扩大了体育消费。

（二）专业人才相对匮乏

体育健康服务体系核心的内容是医体结合，其目的是管理个人健康，涉及康复、营养、养生、形体管理、保健等多方面的内容，因此需要大量的相关专业性人才，但是就目前来看，人才的相对匮乏是造成体育健康服务行业停滞不前的重要原因之一。一方面，基层社体指导员接受正规的培训机会较少，技术水平相对较低，且缺乏责任心，社体指导员队伍组织化程度较低，这对开展全民健身是极其不利的。另一方面，基层医疗机构人员编制不足、待遇偏低，导致基层医务人员数量严重不足且专业技能低，从而影响了“体医结合”的良性发展。

（三）运动健康市场潜力仍待挖掘

我国体育健康服务尚处于起步阶段，居民对健康的需求与日俱增，运用运动这一非医疗手段促进健康成为大多数人的选择，由此应运而生的运动类 APP 受到现代人尤其是年轻人的追捧。随着科技的发展，运动类 APP 产品数量众多，产品功能互有重合又有不同的侧重点，因此在市场占有率及用户活跃度有较大差异。

（四）融合能力相对偏低

我国体育健康服务业的本质是将医疗卫生服务与体育健身服务相结合，以达到促进民众科学健身、预防慢性病的目的。但是，一方面由于缺乏相配套的政策支持、行业标准与管理规范，导致难以实现客观资源整合。另一方面，医务人员不具备运动的基本知识和技能，无法在慢性病医学治疗的同时开具针对性的运动处方，社会体育指导员缺乏相关医学常识、卫生保健知识致使在对民众服务过程中存在很大的盲目性，尤其不能有效针对慢性病患者的身体状况、用药情况等指导他们选择合适的运动项目、运动强度和运动时间。所以在探索“体医结合”模式上缺乏有效的合作畅通机制，导致主观准备不足。

四、体育健康服务业的发展路径

（一）建立健康管理机制和体育健康协调机构

体育和卫生的分离，在一定程度上削弱了社区体育公共服务的效果，因此体医结合的新型模式成为社区体育发展的客观要求。美国是“体医结合”的先行者，其独特的管理模式值得中国借鉴。中国应设立专门机构同时管理医疗卫生部门和体育部门，倡导“体医结合”促进民众科学健身，鼓励医务工作者、健康管理师及社会体育指导员积极参与到与健康促进有关的工作；与此同时，下设专门部门收集、分析、发布体质健康数据信息以及民众接受医生、社体指导员进行体力活动的情况，为专业人员进行科学研究提供信息，为促进民众健康提供指导。

“医体结合”的城市社区健康服务体系应以提高居民健康为目标，以社区为平台、社区卫生服务机构为工作环境的，体育健身服务作为参与主体，实现“体医”资源共享的，区别于传统的单一的大健康服务模式，形成包括体质监测服务、卫生服务、健身服务及其他相关服务提供者之间的合作，共同为实现“全民健身”的目标而努力①。加快形成以社区体育指导员和社区全科医生为核心，以有体育爱好的居民为支撑，以辖区内相关专家学者为后盾的体育健康服务队伍。完善居民健康促进监督制度，以社区卫生服务中心为主，建立健康档案，加强对居民的健康相关行为和体育活动的监督并提供及时的反馈，指导居民开展有针对性的体育行为干预。

（二）建立复合型体育健康指导人才培养体系

随着全民健身上升为国家战略，民众意识到单纯用医学手段来促进健康具有很大的局限性。民众更希望既要通过体育运动来增强体质，又可以通过医学指导来进行科学健身。因此，我国应该建立一套复合型“体医结合”人才的教育指导体系，涉及医学、体育学、营养学以及健康管理等学科。有效整合医学类院校、体育类院校和社会健身场所的医疗卫生与体育

---

① 余丙炎．体育健康产业创新发展研究［M］．北京：九州出版社，2019.

资源，实现三方合作培养。鼓励、支持和吸纳“体医结合”专业和医学相关专业的人才加入职业社会体育指导员队伍，并提高准入门槛等。

（三）加强科技创新，打造健康云生态圈

现代科技日新月异地发展，智能可穿戴设备提供的服务愈加完善，健康类数据快速增长，健康类大数据服务将逐步成熟。智能可穿戴设备将在人体健康检测等领域发挥重要的作用，配合大数据和云服务，此类产品会在健康、运动、医学等市场广泛使用。可穿戴式运动设备是应用穿戴式技术对日常穿戴进行智能化设计而开发出的可以在运动中穿戴的设备，如眼镜、手表、服饰、鞋子等，可为使用者提供各种运动数据。健康云生态圈应包括健康服务层（健康咨询、减肥私教、远程监测），健康云平台层（体重数据、手环数据、心电数据），感知设备层（电子秤、运动手环、小型心电测试仪）。可穿戴运动设备的迅猛发展，将有效刺激体育产业上下游产业链的延伸，为体育产业和“互联网+”的互动发展创造良好条件。

（四）积极培育体育健康服务业消费市场

要围绕全民健身计划的实施，坚持国家办与社会办相结合的原则，积极引导和鼓励社会力量投资兴办经济实体，开展体育健身、健身指导及体育康复等方面的经营性活动。群众性体育协会、大中型体育场馆俱乐部、社会体育指导中心，应以社会化、产业化为导向，面向市场、服务群众，以各类体育设施为依托，为群众开展监测、健身、指导、康复等活动提供设施、场地和技术辅导等多项优质服务。积极引进科技含量高的检测设备以及趣味性强的健身娱乐项目，满足不同层次人群对体育健康服务的需求，扩大消费市场，刺激体育消费。

第三节 体育彩票服务

一、体育彩票的概念

《体育彩票概览》中将体育彩票定义为：以筹集国际和全国性大型体

育运动会举办资金等名义发行的、印有号码、图形或文字的、供人们自愿购买并能够证明购买人拥有按照特定规则获取奖励权利的书面凭证，无论其具体称谓和是否标明票面价值均视为体育彩票。体育彩票不挂失，不返回本金，不能流通使用。

《世界体育彩票概览》中认为体育彩票的定义有狭义和广义之分。狭义的体育彩票指的是以体育比赛为媒体发行的彩票，亦可称为竞猜型体育彩票，如足球彩票、棒球彩票、赛马彩票等；广义的体育彩票指的是彩票的玩法或发行彩票的目的与体育相关的各类彩票①。作者认为后一种定义更具代表性，也比较符合我国目前的体育彩票业。

二、体育彩票的种类

（一）传统型彩票

任何以抽奖的方式决定获奖者的彩票，如购买者所持彩票的号码与抽出的号码一致，即可获奖。传统型彩票是在发行机构事先印制的系列号码中进行抽奖，因印在票上的数字不由购买者选择，所以这种彩票也被称为“被动型”彩票。传统型彩票有着悠久的历史，除美国之外遍布全球，西班牙的 Navidad 是世界上最大的传统型彩票商。

（二）即开型彩票

即开型彩票也属于被动性彩票，是在彩票纸板上的某一部分覆盖一层薄薄的铝或乳胶或以其他方式覆盖，当刮开或撕开覆盖物，可以看到事先印制好的号码，购买者即可知道是否中奖。这种彩票与传统型彩票的最大区别是先开奖后销售，是战后比较流行的新玩法，特点是即买即兑、趣味性强、节奏快。

近年来，即开型彩票的玩法在不断更新，已从单一的印中奖号码发展到印中奖金额、中奖等级、中奖图形等，形式上有撕开、揭开、刮开等多种方式，并配有优美的系列图案，有一定的收藏价值。即开型彩票票面价

---

① 王红岩．部分国家和地区体育彩票政策研究［M］．长春：东北师范大学出版社，2018.

值低，奖金额也偏低，但中奖面较宽，可以鼓励更多的人购买。其低奖的设置常常会使中奖者反复购买。例如，彩票面值 10 元，最低奖也是 10 元，中奖者一般不领奖，而是再购买，这种营销方式有利于稳定彩民，刺激购买需求，从而提高销售额。即开型彩票对于防伪技术、安全等问题要求很高。

（三）乐透型彩票

乐透彩票的英文名字叫“Lotto”，是由意大利语转化而来的，其原始意思为“幸运”“吉祥”“分享”。乐透彩票首先在德国进行商业化发行，1995 年德国的西北乐透公司率先发行乐透彩票，后来被许多国家引用。乐透彩票代表着目前世界彩票的主流，从事大规模彩票经营的公司不开展乐透的很少。乐透型彩票趣味性强，顾客可以根据生日、电话号码、门牌号、车牌号、幸运号码等选择彩票投注内容。因此，相对于被动型彩票，有人把乐透型彩票称为主动型彩票。

目前世界上乐透型彩票有 30 多种，但玩法大同小异，通常是在一组数域中选择若干号码，根据所中的号码多少确定奖级，中国香港特区的“六合彩”以及我国一些省市的运动项目组合型电脑体育彩票就属于乐透型彩票。例如，北京市发行的“36 选 7”运动项目组合和“四花选 4”。体育彩票实际上就属于乐透玩法，乐透型彩票与电脑、网络、电视等结合使彩票业的运行机制更加完善。

（四）竞猜型彩票

竞猜型彩票与体育比赛结合在一起，赛前对比赛胜负和名次的预测，赛后根据判断的准确程度选定中彩者。这种彩票是真正意义上的体育彩票，典型的是足球彩票，英文为“TOTO”，国内有的文献中称为“透透”。最先开展足球彩票的国家有：瑞典（1934 年）、瑞士（1938 年）、芬兰（1940 年）、意大利和西班牙（1940 年）、匈牙利（1947 年）。足球运动促进了足球彩票的发展，足球彩票推动了足球运动。欧洲和南美足球运动的发达与足球彩票的发行有着深厚的关系。

目前，竞猜型的体育彩票比较著名的有美国的篮球彩票、棒球彩票、拳击彩票，日本的自行车凯林赛彩票，一些国家和中国香港特区流行的赛马彩票等。体育彩票可以和各种运动相结合，但是该运动项目必须具有流行性、可观赏性、更强的刺激性以及比赛结果的不确定性。

三、发行体育彩票的社会意义

首先为体育事业提供宝贵的资金来源，是体育事业产业化、社会化的有效途径。体育彩票收集的资金主要用于全民健身计划和奥运等体育事业争光计划，例如，建设城市社区全民健身设施，弥补专业运动队尤其是靠自身筹资能力较差的运动项目的资金不足，为大型运动会筹集资金、体育场馆的修缮等。

其次，体育彩票是刺激消费，拉动投资、消费需求的有力措施。买彩票也是一种消费，是在基本的物质消费满足后，消费者需求向更高级别消费层次升级的结果，是一种精神消费。当经济收入达到一定水平后，许多人有参与彩票消费以满足冒险心理的需求。从某种意义上来说，进行彩票消费意味着冒险精神的张扬，这种冒险精神的张扬，对于一个人、一个家庭、一个城市，甚至一个民族是必不可少的。体育彩票以其进入成本低而得到的心理预期值极大，如今已经成为百姓茶余饭后津津乐道的谈资。不仅如此，体育彩票还能带动相关产业的发展，促进广告业、电视、广播、报刊、网站、信息台等相关行业的发展。体育彩票需要长期的宣传，这就给一些广告公司带来了稳定的收入。而一期期摇奖结果的公告和彩票相关的新闻，给这些媒体带来了稳定的观众和读者，从而提高了他们的收视、收听率，最终增加了媒体广告的收入。例如，北京卫视 BTV－2 晚间现场直播体育彩票摇奖的节目，曾经跃居北京电视台所有节目收视率的第三位，其广告收入也是相当丰厚的。一些报纸，为了扩大销量，也都极力和体彩发行部门合作，争相报道开奖结果和彩票信息。

再次，体育彩票对发展体育事业至关重要。体育彩票为体育事业筹集了宝贵的资金。发展体育运动主要是国家财政拨款，但是由于财政经费的不足，制约了我国体育事业长期稳定发展、赶超体育强国的瓶颈。发行体育彩票是政府给体育部门的一项优惠政策。实际上发达国家包括美国、英国、瑞士、意大利、德国等国也都在法规中明确规定体育彩票是体育发展资金的重要来源之一。例如，瑞士体联经费的90%、国家奥委会的60%、单项协会的12%，都来自彩票收入。为了切实达到“取之于民、用之于民”的目标，各国对体育彩票的收入分配比例做了严格的规定。

最后，彩票业对社会就业和社会稳定具有重要意义。第一，玩彩已成为一种大众娱乐活动。从社会心理学的角度分析，多数人都有投机取胜的心理倾向，对这种心理倾向的积极引导会对社会的稳定起着积极的作用。上面的论述可知，赌博是一种社会危害极大的私人性的行为，没有任何积极的社会意义。彩票也可以把这些人引导到合法的、公益性的博彩活动上。同时，彩票也给普通老百姓一次次新的希望，减少社会心理压力，起着心理“按摩器”的作用。随着彩票业的发展、印刷技术的提高，收集彩票也成为一项新的娱乐活动。国外体育彩票常与体育运动相结合，观看体育比赛与自身的经济利益相结合，球迷同时也是彩迷们在不定的结局中享受更刺激的欢娱。另外，在当前就业压力较大的情况下，体育彩票业能提供可观的就业机会。

四、体育彩票的发展趋势

（一）注重公益形象的自我完善

彩票业能够不断发展的重要基础之一是彩票具有良好的公众形象，主要从两个方面体现：一是确保发行彩票所筹得的公益金取之于民、用之于民；二是彩票业通过严格管理，保证参与者机会均等，并维护参与者的正当权益。世界各国彩票之所以能够不断发展，就是由于彩票业具有良好的公众形象。

首先，在公正性方面，各国都在不断完善法规和政策，以保证彩票的公正性、公开性和公平性。例如，在加拿大曾经有过经营者中头奖的历史，当时引起过公众对彩票公正性的很大怀疑。后来很多国家一方面在法律和政策中明确规定，禁止彩票经营者从事抽彩活动，同时又在游戏规则等方面做了许多改进，防止经营者营私舞弊。

其次，不断将现代化技术引入彩票管理，是保证彩票的公开、公正、公平性的有力措施。自动化解决了由人工操作带来的无意失误和有意舞弊。例如，利用计算机销售彩票和终端信息管理，在纸张、油墨、印刷的检验号码等安全方面都得到了相应的改进，甚至请专门的机构就其外观的安全性以及计算机处理进行不间断的检验。正是依靠先进的技术，才使包括彩票印刷公司、零售商、购买者在内的所有人，都无法知道中奖票在印刷好的全部彩票中的分布情况，从而使伪造者无机可乘，从根本上杜绝了舞弊行为。

20 世纪 90 年代后，各国彩票顺应时代潮流，积极响应环保的呼声，以塑造良好的公益形象。彩票业在环保方面主要有三种方式：第一，从公益金中提取一部分资金作为环保资金。第二，采用无污染的纸张和油墨，或者使用有利于资源保护的再生纸。据估计在美国每年销售 12 亿张即开型彩票，消耗了相当于 6 万株树木的木材量，同时也增加了水和能源的消耗，增加了污染和固体废物的排放。出于保护地球资源的考虑，很多彩票已经开始利用再生纸和可降解的油墨进行印刷，美国、瑞典、比利时等国家彩票业不断推广利用再生原材料的专利技术。第三，推出具有环境生态保护意义的游戏名称，以对公众进行环保意识的宣传。

（二）彩票游戏种类在不断更新和多样化

与其他产业一样，彩票业随着经济、文化和技术的不断发展，同样存在着产品和服务方式的升级换代问题。彩票的重要特性之一就是具有娱乐性，通过各类彩票游戏使人类追求幸运和娱乐的天性得到满足。在取信于民的同时，重视不断地取悦于民，这是扩大彩票市场、增加销售额的重要保证。

经过数百年的发展历史，现代彩票业在很多方面已经有了很大的变化。在不断追求提高彩票娱乐性的过程中，彩票类型已经从以传统型彩票为主发展到传统型彩票、即开型彩票、乐透型彩票和 TOTO 体育彩票等多种彩票并存的局面。总的方向是从被动型彩票逐渐向主动性彩票过渡。由于增加了彩票购买者的主动参与感，彩票的娱乐性大大地增加。

在现有彩票类型的基础上，各国彩票经营者也在通过改变价格结构、奖金结构和设计不同的游戏规则等不断设计和推出新游戏，对于这一点各国彩票的经营者都已达成共识，即扩大彩票市场的唯一出路就是开发新产品①。美国彩票商总结的经验是：各类彩票必须推陈出新，才能蒸蒸日上，因此各种彩票每六周左右就会换新花样。

（三）现代化技术在彩票管理和游戏中的应用不断扩大

新技术给彩票业提供着现代化的、安全的和保证性高的信息技术环境，并能够以合理的费用维持高的竞争能力。因此，彩票业在发展战略方面表现出的一个明显的特征是：始终坚持追踪高新技术发展状况、及时开发高新技术的应用领域。新技术对全球彩票业的影响和挑战是多方面的。最具有挑战性的问题是新技术使彩票的跨国或跨区域的销售成为可能，彩票游戏服务直接进入家庭和使游戏更具有娱乐性。

对彩票业影响最大的现代化技术主要是作为现代媒体的电视、现代的通信手段和计算机网络技术。1984 年美国科罗拉多州第一次把即开型的彩票通过电视摇奖，从此电视彩票游戏风靡全美。电脑技术的出现和通信手段的极大改善，使彩票业进入了现代化阶段。20 世纪 80 年代后期，更多的国家和地区开始采用电脑销售彩票，通过半热线或全热线系统直接连接中央电脑系统，从而大大地提高了效率，同时由于技术含量高、符合现代化生活的节奏，受到了广大彩民的青睐，扩大了销售额。

国际互联网给彩票业提供了很大的发展空间。目前，国际互联网上已开展了多种多样与彩票有关的活动。最为常见的是传播合法的彩票信息，如彩票网页、游戏规则、彩票新闻、彩票文化等。然而互联网是一个开放的信息系统，也会给彩票带来负面影响，如进行变相赌博的彩票游戏、发布非官方的消息、销售私人公司的彩票、跨地区的销售彩票等。

（四）多国家和多区域之间的协作和联合不断增强

现代科学技术在彩票管理和经营中的应用，为多国家和多区域之间的协作与联合奠定了基础。最近十几年来，一些国家已不满足于一个统一的彩票机构和发行一种统一的彩票，而是以更多形式实行国与国、地区与地

---

① 刘忠良．体育产业发展理论探究［M］．北京：新华出版社，2019.

区的联合。这里主要有两个原因：一个原因是彩票有很强的地域性，随着人员流动的加剧，越境购买彩票带来的资金外流和竞奖中的诸多不便使人们想到联合；另一个原因是彩票的规模效益随着现代化技术的应用，一些人口较少的国家或地区为了提高效益而进行联合。

随着各国彩票业的发展，国际彩票组织业应运而生并走向联合。原来世界上有两大国际彩票组织：Intertoto（国际彩票组织）和 AILE（政府彩票组织国际协会）。此外还有一些洲际彩票组织和地区型彩票组织。Intertoto 成立于 1953 年，以后发展成为现在有近百个会员组织的规模。AILE 成立于 1956 年，其会员数目较 Intertoto 更多。两大世界性彩票组织拥有的会员许多是交叉的，但在彩票发行种类上各有偏重。Intertoto 的会员组织多是开办 Toto（运动彩票）和 Lotto（乐透彩票）的国家，而 AILE 的大部分会员组织则以传统和即开型彩票为本国或地区的主导彩票。因为许多国家发行彩票的种类包罗万象，所以成为双重会员就是很自然的了。这两大国际彩票组织保持着良好的和睦关系，曾经为推进各国彩票事业的现代化进程，发挥了极其重要的作用。之后，两大国际彩票组织正式合并为世界彩票协会。

第十章

全民健身时代体育用品与相关产品制造发展

第一节　城市体育用品及相关产品制造发展

一、城市体育用品及相关产品制造发展中的不足

（一）全民健身体育服务系社会功能不足

全民健身体育服务体系是一个国家公共服务的重要组成部分，在很大程度上能够表现出国家的发达程度，表现了国家发展水平的高低。目前，我国全民健身服务体系的社会功能还远远不够，其发展水平较国外发达国家还有一定的差距。虽然近年来我国政府增加了投入，积极扶持群众体育活动，健身路径、运动场馆设施、广场健身、娱乐休闲体育都有了长足的发展，但因我国人口多、地域广、地区差异较大，体育发展很不均衡，城乡、东西部体育服务差距明显，这些都是继续改进的方面。整体上公共体育服务的实施和体育场馆、运动设施建设上还存在较大缺口，不能够满足人们的日益增长的健身需求，还需要不断地改进和完善。

（二）全民健身与竞技体育发展不合理

我国体育经历了特殊的发展阶段，一直存在着重竞技、轻群体的传统，而竞技体育、举国体制、金牌战略也为我国体育形象的建立，推动群众体育的发展带来了良好的社会效应。群众体育与竞技体育是我国体育中两个重要组成部分，它们的发展水平代表着一个国家体育的发展情况，代表着民众对体育的认知感，也反映着社会的价值体系和社会发展程度，所以这两者缺一不可。随着我国大国形象的建立、体育大国地位的确立、民众对体育认识的改变，群众体育必须占据到更重要的位置才能树立体育强国的形象，才能满足社会不断增长的消费需求，才能与高速发展的经济相适应。缺乏群众体育会直接影响到体育产业的发展，影响我国经济社会的发展。

（三）全民健身人口增长缓慢，发展不均衡

经常参与体育运动的体育人口多少能够反映出群众体育的发展水平。我国经济总量虽有大幅提升，人们生活水平也有很大改善，但体育人口还是不足，主要呈现出以下三个特点：第一，体育人口总量与我国人口相比远远不足；第二，体育人口发展缓慢；第三，体育人口受年龄、地域等因素的影响较大[①]。从年龄来看，青少年、中老年体育人口较多，而作为社会的主力中青年相对较少。从地域来看，城市比农村体育人口多，东部地区比西部地区体育人口多，这说明体育人口受经济发展影响较大。在经济发达地区人员素质、硬件设施、资源储备、服务水平都较高，体育运动开展自然较好，体育人口就多。

二、城市体育用品及相关产品制造发展路径

（一）优化布局全民健身体育用品设施

依据国土空间总体规划，支持体育等部门编制或修订体育设施布局专项规划，提高设施布局的均衡性和利用效率。严格控制大型综合体育场馆的规模和数量，优先提升现有场馆服务能力，积极将体育设施建设融入公园绿地、滨水空间、慢行绿道等系统规划。

（二）明确用地安排

明确各级各类体育用品具体布局和用地安排，并征求体育部门意见。结合城乡社区生活圈构建、城市更新行动、乡村建设行动等，合理规划布局、补充完善各类体育用品设施，更好地满足全民健身常态化需求，推动体育产业与旅游业融合发展。

（三）保障体育产品设施落地

规划确定的体育设施用地，严禁擅自改变用途。新建居住区的规划条件中，要明确按室内人均建筑面积不低于 0.1 平方米或室外人均用地不低于 0.3 平方米的标准配建公共健身设施，并与住宅同步规划、同步建设、

---

① 宫彩燕．全民健身体系研究［M］．长春：吉林人民出版社，2020.

同步验收、同步交付，不得挪用或侵占。未达到配套标准的既有居住区，可结合城镇老旧小区改造等，统筹规划社区健身器材。

（四）提高体育产品设施品质

在规划许可过程中，加强建设工程设计方案审查把关。建设单位应当合理配置、建设全民健身体育设施，杜绝全民健身体育设施“中看不中用”。新建、改扩建各类体育场馆，应当聚焦核心功能，禁止超标准建设不符合全民健身服务功能的附属设施。新建、改扩建中小学校，原则上应单独规划设置体育设施用地，推进教学与运动区域相对分离，为推动学校体育设施对外开放提供基础条件，避免建设屋顶操场、楼顶跑道、地下活动室等不利于学生活动安全和身心健康的体育设施。

（五）盘活空闲土地

在不改变、不影响建设用地主要用途的前提下，鼓励复合利用土地建设健身设施。在不影响相关规划实施及交通、市容、安全等前提下，允许利用城市闲置空间资源发展全民健身体育场地设施。

第二节　农村体育用品及相关产品制造发展

一、农村体育用品及相关产品制造发展的意义

将体育运动与乡村振兴结合起来，把广大农民对美好生活的向往与全民健身、健康中国战略融为一体，农民体育事业的发展之路就会越走越宽广，体育强国建设的根基才能更加坚实稳固。2022 年 6 月，农业农村部、国家体育总局、国家乡村振兴局联合印发《关于推进“十四五”农民体育高质量发展的指导意见》（以下简称《意见》），这是继《关于进一步加强农民体育工作的指导意见》《关于体育扶贫工程的实施意见》之后，又一项针对农业农村农民体育发展的指导性政策，对新时期农民体育工作提出

了新要求，作出了新部署。

党的十八大以来，我国体育事业进入了快速发展阶段，全民健身蔚然成风，体育公共服务水平稳步提升。通过成功举办北京冬奥会实现了带动三亿人参与冰雪运动的目标。特别是我国如期完成了新时代脱贫攻坚目标任务，全面建成小康社会，为乡村体育大发展奠定了坚实基础[①]。由此，广泛深入推进农民体育工作意义重大。一方面，农民对体育文化的需求日益增长。我国拥有数量庞大的农民群体，农村居住人口达到 50979 万人。据农业农村部统计显示，2021 年农村居民人均可支配收入较 2012 年翻了一番多。让广大农民积极参加体育活动、增强体质、改善精神面貌，共享全民健身硕果，是提高农民生活幸福指数、实现体育强国的应有之义，所以大力发展农村体育用品及相关产品的制造属当务之急。另一方面，农业农村发展也需要体育产业的辐射带动效应，体育产业链条长，可以与餐饮、旅游、文化、教育、会展、纺织服装、装备制造等产业融合互动，由此促进农民全面发展、乡村全面振兴。

不过，从整体情况看，我国农民体育工作起步晚、底子薄，还处于发展洼地。相比城市而言，农村体育场地、体育培训教育等资源匮乏，农民体育健身意识薄弱、体育消费活力不足。但短板也恰恰是机遇所在，我国农民体育工作需奋起直追、循序渐进、久久为功。首先，要解决“去哪儿运动”的问题。统计显示，我国人均体育场地面积 2.41 平方米，而根据估算，我国农村人均体育场地面积仅为 1.15 平方米，差距较大。《意见》提出，到 2025 年，农村人均场地面积要接近全国平均水平。同时，还要加强农村综合文化站、村级综合文化中心、文体广场等体育服务功能，加快补齐 5000 个以上乡镇（街道）全民健身场地器材。对此，各地要因地制宜加快完善农村公共健身设施网络，提高场地设施利用率，保障农民的日常体育活动需求。其次，要解决“谁来运动”的问题。农民是体育的参与者、贡献者、受益者，全民健身、体育强身，最大的增量在农村。要进一步丰富农民体育活动的内容和形式，鼓励开发适合不同人群、不同地域特

① 张虎祥．体育文化与全民健身［M］．北京：九州出版社，2018.

点的涉农特色运动项目，深入开展“体育健身下乡”活动，吸引更多农民加入体育运动中来。在每年的“农民丰收节”上，“挑扁担赛跑”“田间拔河”“抓大鹅比赛”等一批充满“农味儿”的体育项目深受广大农民喜爱，这是将传统农事活动与体育运动融合的有益尝试，值得推广。再次，要围绕推动乡村全面振兴，打造农民喜闻乐见、农业特色突出、农村广泛普及的体育健身赛事品牌，提升农民体育健身活动的参与率、知名度、影响力。最后，要建立以市场为导向的农村体育产业发展模式，引导社会力量有序进入，不断完善丰富产品服务，满足广大农民的多元化消费需求，形成促进全民健身的长效机制，助力人民实现共同富裕。

二、农村体育用品及相关产品制造发展中的问题

（一）体育设施不足与健身需求增加的矛盾

随着城乡一体化建设进程的加快，城关镇、中心镇的地位日益突出，新型居民小区、农民集中居住区的规模逐步形成。但由于资金及土地资源限制，加之缺乏规划建设体育场所的硬性要求，建设初期就侧重中心集镇的规划布局和集中居住的功能定位，出现中心镇村体育设施优于一般镇村的不均衡状态，存在重居住功能轻健身需求的不合理现象。中心镇一般建有公益性健身场所和经营性健身场馆，而一般的乡镇及办事处所在地活动场地和体育设施则相对薄弱，偏远村、薄弱村体育设施资源更是匮乏，农民集中居住区缺少配套的健身设施。

（二）资金投入有限与体育设施建设的矛盾

目前，农村体育设施建设所需的大量资金主要依靠市镇两级财政，农村的全民健身路径绝大多数来自市体育局彩票公益金的赠送，体育场地、运动场馆的建设主要由镇村（社区）负责。由于镇村（社区）资金有限，又难以吸引社会力量和民间资本参与，导致健身场所数量不足、设施不全、环境不佳，用于体育场地设施建设和维护的资金与群众期盼不相适应。

（三）健身意识不强与健身活动方式的矛盾

由于广大农村缺乏相应体育场所和设施，加之全民健身活动局限于逢

年过节，集中于全民健身月、农民运动会期间，参加者绝大多为学生、退休老同志、企业员工、村干部，基层一线农民很少参加。政府组织的健身运动多，民间自发的健身活动少，民间健身局限于参加广场舞的中老年人群，形式与对象单一①。绝大多数的农村群众健身意识不到位，空余时间较多地被看电视、打扑克和打麻将等活动占据。

（四）管理机制不善与设施日常维护的矛盾

一是由于社会宣传不到位，加上村民、外来民工素质参差不齐，对体育用品的使用存在盲目性，容易造成体育设施的人为损坏。二是由于管理经费不到位，加上缺乏操作性强的政策措施，有些体育设施年久失修，存在安全隐患。三是由于监管服务不到位，体育用品器材管理员、器材维护员和社会体育指导员的作用没有很好发挥，带来了工作上的缺失。

三、农村体育用品及相关产品制造发展的路径

（一）统筹规划，因地制宜推进农村全民健身工程

各镇体育、文化、建设、公安、爱卫等部门要统筹规划，通力协作，特别要结合农民集中居住区建设、美丽村庄建设、老村改造、环境综合整治等，同步规划建设好活动场所。条件许可的情况下，可结合“休闲健身广场”“文体活动中心”等健身景观建设，积极打造全民健身新亮点。一般行政村、有一定规模的自然村落可根据实际情况利用村边角地、闲置房等，多建设一些乒乓球、羽毛球、健美操等所需场地小、花费资金少的晨晚练健身点。同时，镇村两级要综合规划建设一定数量的健身步道，推动全民健身活动的广覆盖。

（二）落实经费，加大农村体育设施的软硬件投入

一要加大市财政、市体育局对农村体育设施建设的投入力度，并出台相关政策，通过以奖代补的方式，对按标准建设体育设施的镇村进行奖励。建议政府行政所在镇建好一个体育中心、办事处建好一个休闲健身广

---

① 白震，王幸新，杨莉．当代体育产业多元化发展研究［M］．长春：吉林人民出版社，2021.

场、村委所在地建好一个全民健身工程、其他自然村有一定的活动场地。同时，加快健身器材的新一轮规划布局，建议对体育路径实行市、镇、村同比例分摊的方式，即市财政补贴1/3、镇财政配套1/3、村出1/3，对薄弱村由市、镇各负担一半。重点加大对偏远村、自然村的布点力度，并由市体育局统一采购、统一安装。二要发挥乡镇财政投入主导作用，按镇财政收入的同比例增长用于体育设施的建设，主要用于场地建设、设备增添、设施维护管理、举办各项比赛活动等。三要发挥社会各界的力量支持体育设施建设，吸收民间资本参与体育项目的建设运营，投资建设场所、承办相关赛事。对乡镇民营企业家投资公益性体育设施建设的，建议实行税前抵扣和以投资者命名的政策加以鼓励。

（三）齐抓共管，加强对农村公共体育设施的管理

创新群众体育的社会化管理，树立民生体育的理念，提升公共体育服务水平，建议实行自下而上的管理方式，体育局应出台相应的政策和管理办法；相关部门应加强对公共体育设施的监管力度，严厉打击恶意损坏或者盗窃公共体育设施的行为；镇文体中心应成立一批由热心人士组成的健身点管理团队，承担管理员和指导员的职责，要充分发挥社会体育指导员的职能，加强队伍建设，真正发挥体育健身引领人的作用；建立维修管理长效机制，加大维修投入力度，多安排人员定期对健身设施进行巡查、修复，并在各体育健身场地设立监督维修电话，通过全民参与共同维护体育设施的正常有效运转。

（四）强化宣传，营造全民参与健身活动的良好氛围

要通过乡村举办一些群众喜闻乐见、乐在其中的活动，提高群众的参与度；要组织开展各类培训，用好大学生“村官”和文体骨干等队伍，培养一大批业余爱好者；要利用好媒体、板报、画廊等阵地，宣传体育设施的功能、各类活动的意义、体育健身的好处等，逐步将群众日常休闲活动从棋牌电视转变到文体活动中来，真正做到全民健身、修身养性，培育全民科学、文明、健康、和谐的生活方式。

第十一章

全民健身时代体育产品营销与贸易代理

第一节 全民健身时代体育产品的营销

一、全民健身时代体育产品的特性与需求

体育产品涵盖着体育实物以及体育劳务，即体育产品包括了所有与体育相关的产品。而体育产品的特性则分为：生产和消费的同时性、生产要素的多样性以及体育产品的不可推算性及无形性等。其中，体育产品的不可推算性是指体育赛事最终结果的不可预测性，正是由于这种不可预测性的存在，才使其结果的悬念带动了其价值。而体育产品的无形性则是指体育产品所体现出来的无形的体育服务。而体育产品生产要素的多样性则是指体育产品在生产过程中所需具备的因素与条件，而这种因素与条件可能会随体育运动的发展而变化。

而对于体育产品的消费需求，分为心理需求与生理需求。首先，体育产品的心理需求是指消费者受到生理本能驱使以及对体育产品相关的情感、认知、经验、判断等过程，而产生消费动机。其次，体育产品的生理需求则是指在消费者自身产生的生理上的实际需求，进而产生了消费动机。而心理与生理需求往往是相互影响、相互关联的。

二、全民健身时代体育产品生产及营销现状

（一）体育产品生产重物质层面，轻精神文化

众所周知，真正的产品都具有其内在的精神内涵与物质，这也是其最吸引消费者的关键所在，而世界知名的体育产品无一不具有除物质以外的独特内涵与精神。因此，一个体育产品的品牌树立，不但标志着产品差异化，也标志着其特有的文化内涵、精神信息的建立与品牌定位，还具有掌

握消费者忠诚度的能力。

而我国的一些体育产品的生产企业及经营者，在生产、营销的过程中，没有认识到品牌文化的重要之处，没有给自己的体育产品进行一个清晰的品牌定位，也没有赋予体育产品自己独特的文化内涵与精神，自然也就无法将自身的体育产品发展得更好、更大。我国体育产品的生产企业大多还处在简单的模仿设计、生产阶段，在营销过程中，也多以做广告、搞促销为主。这就导致了我们许多的体育产品因缺乏清晰的文化内涵与精神特质，也没有树立起品牌意识与长远的战略规划，更缺乏对产品商标的诠释、产品理念的推广，更没有为消费者树立起强有力的品牌忠诚度，而造成一些体育产品的逐渐没落、消亡。

（二）我国体育产品的营销现状

目前，我国的各种体育产品开发、生产行业已成为国内体育产业极为重要的组成部分。随着我国体育产业的兴起，体育产品的开发与生产行业也随之迅速发展，并为我国的经济发展也发挥了一定的积极作用①。随着我国国民收入、国民消费能力与水平的整体提高，民众对体育产品的需求与购买力也在不断增长，也导致了体育产品开发与生产行业的无度扩张，无视市场竞争规范与规则，形成了体育产品的生产与营销市场的无序且恶性的竞争。这不但给体育产品生产企业造成了巨大压力，还衍生出了一些伪劣的体育产品。不但严重影响了体育品牌市场的有序的、良性的发展，还给一些品牌体育产品的生产企业带来了巨大的打击。

三、全民健身时代体育产品的营销策略

（一）加强对体育产品市场调研工作

市场调研是所有营销工作的基础，以此来了解、掌握市场现状及未来发展趋势。同样，在体育产品的市场研究工作中，不但要对体育产品行业、消费群体以及相关的体育产品整体市场情况进行科学、系统的调查与

---

① 游战澜．体育营销案例分析［M］．武汉：华中科技大学出版社，2018.

研究，还要对体育赛事、体育项目的发展进行相关的调研工作。我们所进行的与体育相关的所有调研工作都会对企业进行科学、客观的体育产品生产与营销提供有效的判断、决策依据，以保障生产、营销策略制定的正确性与有效性，进而才可以赢得市场、站稳市场。

而对体育产品市场的调研工作，首先需要企业决策层的极度重视，应组建专业化的调研队或是委托给专门的调研机构，派专人进行监督，同时做好体育产品调研工作的相关组织、资金及人力上的保障工作。当企业获得了详细、准确的调研结果之后，则可以充分了解体育产品的市场需求及未来发展趋势等情况，在这之后可以集中企业的人力、资金进行全方位的生产与营销工作。而实践也证明了，科学、有效的市场调研，也是体育产品成功营销的基本保障。

（二）体育产品明确的市场定位

通过对体育产品市场进行详尽的调研、分析工作之后，对体育产品生产企业来讲，市场定位的最终确定也决定了体育产品最终的发展方向与生存。首先，要通过对体育产品市场的细分。在众多的体育产品中，找到适合于该体育产品的潜在消费群、消费地域等。其次，还要明确企业自身所处的竞争地位与竞争能力。由于与世界品牌的体育产品相比，国内的知名体育品牌必然会受到一定的冲击，这样就需要企业明确自己参与竞争的能力与实力，再结合市场调研的数据，进行相关的营销策略与长远战略的制定与实施。同时，企业对体育产品的营销工作都围绕着这个整体营销策略与长远战略而进行。这样一来，不但企业可以做好体育产品的准确定位、营销理念统一，更有利于将企业产品的思想信息与体育产品本身的文化内涵与精神信息的传递。最后，在竞争激烈、残酷的市场营销活动中，企业完全可以依据自身的实力与竞争能力进行迂回营销。通过对体育产品的市场调研，找出竞争压力相对较小的地域或是人群，进行率先占领后，再逐步进行扩张。

（三）侧重强势产品的研发工作

体育产品生产企业必然要具有一个或是几个强势产品，才能真正带动品牌效应与品牌价值。强势的体育产品必须具有质量过硬、满足固定的消费人群的生理与心理需求、高科技含量以及相应精神特质与内涵，这也是保证消费者对该体育产品保持良好的忠诚度的基础条件。同时，体育产品的生产企业还要着重自己实力的展现，通过科学、合理地进行生产设备、技术的更新，提高产品自身设计、研发的综合能力，以及结合强势产品的推出，积极地进行企业品牌的树立，以提升自身的社会效益，增加企业自身的无形资产。但是，往往一些小型的体育产品生产企业，过于注重眼前的利益，没有将企业的长远发展放在第一位，仅通过一两个强势产品为自己谋取更多的利益，忽视了对体育产品的进一步研发与科技含量的提高，而导致了企业原有产品的市场份额与竞争能力逐渐缩小、变弱。而国外的一些知名体育产品，他们则侧重体育产品生产过程中的研发、质量、科技含量、文化与精神内涵、营销、再研发，如世界知名体育品牌阿迪达斯的体育产品，其自有的工厂极少，大多都委托世界各地的不同工厂生产，自身却是侧重产品的研发、营销、宣传、再研发，同时将产品涉及诸多的体育产品中去，并通过赞助体育赛事等活动最大限度地提升自己品牌的知名度与全球效益，并积累出巨大的无形资产。

但是，再强势的产品都有其生命周期，所以我们必须通过掌握体育产品的生命周期变化之后，结合整体产品四个生命周期中各阶段的具体特征来制定不同的营销策略，以获得最大的效益。再通过新的强势产品的不断研发，使企业的体育产品生生不息、持久地、健康地发展下去。

（四）实现差异化营销策略

体育产品生产企业要通过对市场消费人群的细分，找出消费群体对体育产品的不同需求、市场多样化的不同需求、消费者的不同喜好、消费观念、价值观以及消费的收入差别等进行细分与综合分析、研究，找出其中对体育产品的需求差异，而制定出不同的营销策略。这也是决定企业的体育产品营销能否真正成功的关键环节，也是成功率最高的一种营销手段①。企业只有准确找出体育产品的需求差异，在满足了不同群体的体育产品消费需求的同时，也有效地赢得了体育产品市场，才能战胜竞争对手，使企

① 韩开成．体育管理学［M］．重庆：重庆大学出版社，2019.

业得以稳定、可持续性地发展。

（五）打造地方特色体育文化品牌

首先，品牌是地方形象的代言和标志。所谓品牌即是指一件产品或事物由于其质量上乘、形象良好、服务周到、有价值、管理完善等特点备受人们好评而形成的一种有深远知名度的“广告”，它是产品的名誉、形象担当。一个品牌的形成往往凝结着企业几代人的智慧和心血，品牌代表的事物的使用价值符合广大人民的利益需求，甚至能够引领市场的走向。地方特色体育文化品牌是在地方自然环境、社会环境、人文发展状况的基础之上，结合相关的体育项目、体育文化等形成的一种特色体育活动。它可以体现地方地理位置、人文素养等方面的优势，带动当地经济、文化的发展，大大促进了全民健身活动的开展，无形之中提升了人们的文化素养，有利于我国精神文明活动的建设。总而言之，地方特色体育文化品牌是一种有秩序、开放、开阔，可以引领现代人健康生活，创造经济效益的地方性体育文化的“精神亮点”。

其次，品牌的精神价值也是物质价值另一个方面的反映。从目前全国各地开展的地方特色体育文化旅游活动来看，许多地方经济发展水平得到了较大提升，而有的地方则出现经济混乱、环境污染等不良现象，这都与人们的经济理念、思维方式、价值观念、科学文化素质有着很大的关系。总之，大力发展地方特色体育文化对于广大城市、农村、山区、偏远地区而言，是一次机遇，也是一次挑战。如果当地能够抓住机遇，假以时日，地方政治、经济、文化的发展情况和收益会十分可观。

再次，有利于发挥品牌的强大影响力。特色品牌或品牌特色，可在精神上给予人们从事生产活动和生活的指导。物质上带动经济、文化交流，丰富人们的日常生活，使地方成为区域内体育文化品牌的代言人，进而发挥出品牌广告的强大效应，带动各种地方特色旅游纪念品销售、体育用品等产业的兴旺。这方面的例子有很多，例如，河南卫视当前热播的《武林风》节目就是为了宣传河南传统文化而开展的。河南许多地方已经形成了具有民族传统特色的体育文化旅游产业链，随着社会主义市场经济的不断向上发展，我们相信这些体育文化产业的商业价值、创造的经济效益也会越来越高。再如，武术文化又称功夫文化，是中原文化特色鲜明的代表，成为中原文化乃至中华文化的品牌。河南温县陈家沟人创立的太极拳，是中国武术文化的又一重要流派，成为上亿民众生活中的重要组成部分。

四、全民健身时代体育产品营销的未来发展趋势

未来的体育产品的营销策略是随着时代的变化而变化的，这个时候，就需要我们结合市场的实际情况来决定什么样的营销策略最适宜、最有效。当市场在变化、体育产品在变化、营销理念在变化时，企业的兴衰也在变化，这就需要我国体育产品的生产企业紧紧抓住品牌发展战略，发挥企业自主研发能力与科技手段，将体育产品的品质全面提升上来，牢固树立品牌发展的意识，并将企业强势的发展信息、产品差异化、文化与精神内涵融于一体，渗透到产品中去，为品牌进行定位。同时还要紧紧把握市场的变化及时更新体育产品研发理念，做好体育产品的各种售后服务工作，这才能真正地符合体育产品发展的客观规律。

只有合理有效地树立起企业的品牌，走品种化营销之路，随时注重时代营销理念的变化，并善于合理、有效地应用，才可以在激烈的国内与国际竞争中赢得优势与先机，并站稳脚跟，谋求更进一步的发展。

第二节　全民健身时代体育产品的贸易代理

一、国际贸易代理中的体育产品营销

营销策略是企业生存和发展下去的重要部分，营销的竞争是目前企业竞争的最高形式，营销策略的发展在企业发展中地位越来越重要。在国际贸易中，体育产品的营销分为两种形态：一种是以体育为主体的营销活

动，也就是利用发挥体育本身的经济功能和价值功能的营销活动，如进行相关产品的体育竞赛表演，训练或者健身、娱乐、咨询、培训等方面来进行营销活动；另一种是以企业为主体进行的营销活动，这些都属于体育产品特有的营销方式。

在国际贸易中，体育产品的营销渠道也很重要，这是提高营销成绩的基础条件。营销渠道是否通畅对营销产品极为重要。具体来讲，国际营销渠道是指商品从一个国家的生产企业流通到国外最终消费者或者用户的过程，这个过程是商品所有权的转移过程。营销渠道就是商品所经过的通道以及相应的中间机构。而在国际贸易中，国际市场营销是跨越国界的营销，因此这种活动是在具有不同生活方式、不同价值观的人们之间所展开的一种商业活动，与国内营销的最大差别在于营销的外部环境发生了很大的变化。在关于体育产品营销的过程中，最基本的功能就是把企业的资源进行重新整合，同时让企业的一切经营活动围绕着产品销售来进行。

二、体育产品在国际贸易代理中的营销环境

由于经济全球化与贸易全球化的现象越来越显著，因此在这种环境的背景之下，中国对外部的贸易发展越来越迅猛。而体育产品的销售也是如此，面对复杂多变的国际市场，如何在产品的激烈营销竞争中占有一席之地，如何加强开拓国际市场的力度，从而顺利开展出口营销，实现体育产品出口业绩的稳定增长，对于企业的长期发展而言，具有极为重要的意义。

从整体情况来看，世界经济发展较为平稳，而国际贸易的增势仍保持持续扩张的趋势，在这种情况之下，国际市场需求比较旺盛，因此对于出口产品的需求也呈上升的态势①。中国的对外贸易是近年来世界贸易增长中的亮点，但是由于近年来一些外部因素的影响，中国外贸的发展速度可能会受到影响，而一些主要国家的汇率的变动和人民币升值的压力，也会

---

① 李崇飞．中国体育产业发展研究［M］．武汉：武汉大学出版社，2016.

让国际贸易中我国体育产品的营销贸易条件变化表现得很不确定。在这种情况之下，对我国在国际贸易代理中体育产品的营销带来了很大的挑战，这也是我国对外贸易发展的重要障碍。

三、我国体育产品在国际贸易代理中的营销与世界品牌的差距

（一）营销策略单一，广告效果不佳

我国体育产品营销策略在国际贸易的中表现得较为单一，所做的广告多是通过名人效应来进行宣传，引发市场的关注，以期达到消费者对于企业品牌形象的关注的。这种营销策略可以起到一定的效果，但是并不能让体育品牌与企业之间建立有效的内在联系。这样造成的后果就是让品牌的推广变得乏力，让产品的营销在国际贸易代理中表现平平。另外，由于名人广告的千篇一律，因此广告并不能彰显出自己独立的个性，更不能有效建立与目标群体的沟通，这个过程就让体育产品的广告效果表现不佳，从而造成国际贸易代理中体育产品的营销效果达不到预期的目标。

而体育产品在国际贸易代理中取得成功的世界品牌，往往是通过成功的专业运动员来打造品牌，从而达到影响市场的目的。这个过程同时也是体育产品面向庞大消费群体展示品牌的过程，当然，产品也在这一过程中达到了很好的营销效果。例如，关于耐克的飞腾乔丹的广告传播就是如此，耐克乔丹的广告内容，就是突出表现乔丹在投篮过程中在空中飞行的动作。这个广告的宣传语就是“谁说男人不意味着飞翔”，这个画面给观众留下了很深的印象，而且由于乔丹身上凝聚了超强的活力与希望，再加上他本身球技高超，富有令人振奋的体育精神，因此，这个广告让全世界的青少年都为之心动，从而对产品产生了极大的兴趣。配合这个广告的效果，企业还做出了相应的营销举措，那就是在商店设立乔丹专柜，大屏幕上播放着一些经典的篮球比赛，在吸引顾客的同时，也让顾客产生购买的欲望。而飞腾乔丹上市之后，很快在国际贸易中取得了骄人的成绩。

（二）体育产品生产技术落后，抵抗国际市场风险能力差

对于国内的大多数体育产品而言，都还处于模仿阶段，缺乏专业体育

产品运动领域的研究与作为。在我国大多数体育产品的生产企业中，“重产品，轻研发”的现象表现极为明显，在这种情况之下，大多数的企业没有自己的研发队伍，从而缺乏对于体育产品的自主知识产权，而且没有将传统的体育产品进行持续升级换代，在这种情况之下，就造成了对于国外市场信息掌握与未来走向的不准确判断，这对于产品在国际贸易中进行有效的营销活动是非常不利的；与此同时，企业自身抵抗市场风险的能力也较差。

（三）体育产品生产缺乏专业性和主导产品

在我国体育用品的生产过程中，由于产品线过长，而且产品品牌又品种繁多，虽然款式种类特别多，但是样式却都非常相似。如运动的体育休闲鞋，很多的品牌都没有进行专业产品的划分，也就是说体育产品不具备专业性。从世界名牌来看，如耐克，就有慢跑鞋、篮球鞋和足球鞋等划分，另外还延伸到运动服装以及所有的专业运动产品。除此之外，耐克公司还用系列产品来进行特色化决策，创造一些附属品牌，从而进行品牌利益的重新界定。这样一来，就会带来整条产品线的推广。

四、全民健身时代体育产品在国际贸易代理中的营销策略

中国体育产品要想在国际贸易代理中获得有利的营销条件，那么将体育产品实现品牌国际化是非常关键的。当经济的全球化和一体化成为不可避免的发展趋势时，企业参与国际化竞争是非常有必要的。而事实上，国内很多的体育产品已经进入了卖方市场，在这种情况之下，体育产品严重过剩，从而迫切需要走出去寻找新的市场机会。

（一）系统进行体育产品品牌化的规划

对于很多的体育品牌实践经验来说，制约品牌持续生长的关键因素就是缺乏品牌的系统化规划。从而让体育产品的生产企业面临大量的经济资源流失，这种情况下，多年的努力将会付之东流。如果将体育产品进行品牌化规划，那么就可以在一定程度上提高其防范风险的能力，同时还可以保证品牌良性发展。另外，品牌规划对于产品的推广来说，是一项极为重

要的推广营销策略。如果想做好产品的营销工作，那么就要让体育产品走品牌化的路线，同时保持品牌的良性发展，这对于企业的可持续性发展是极为重要的。同时，体育产品生产企业只有极力去研究市场的变化及发展需求，才能进行有力的竞争，在市场中占有自己的一席之地。

（二）积极开展体育产品电子商务，促使营销数字化

中国的体育产品在国际贸易中的营销活动离不开电子商务的运用，而体育产品在营销过程中遇到的障碍就包括信息、沟通和营销能力的屏障。网络营销是中国体育产品营销的一个重要的途径，受互联网和搜索引擎迅速发展的影响，一些国际贸易代理的开展离不开互联网这一巨大国际化市场的开发媒体①。在这个媒体上，如果要想进行人力和财力的投入，并且获取国外消费者和进口商的注意，那么就要加强体育产品的电子商务工作，促进产品营销的数字化，如建立一些相关的企业网站、进行体育产品的宣传，另外还有就是利用商贸网站上各种产品的点击率发现最新热门产品，加强利用搜索引擎来进行各种搜索功能的监测等。在进行宣传和广告的时候，数字化的营销都能为体育产品的国际贸易代理销售带来巨大的利益。

（三）积极进行市场的划分，对体育产品进行准确定位

对于体育产品而言，如何进行高、中、低档不同的产品定位至关重要。在这种情况之下，不同的消费阶层、不同的区域市场，都要有不同的定位标准。我国加入世界贸易组织之后，体育用品的品牌发生了巨大的变化，在这种情况之下，我国的体育产品存在着品牌定位不清的情况，我国体育用品中比较知名的品牌“李宁”，就在品牌创建的过程中以 12 年换了 8 个广告的速度来进行市场的宣传。最早的就是“中国新一代的希望”，接着到了“出色，源自本色”，在这 12 年的期间里，虽然在 20 世纪 90 年代经过了一个需求增长的激进时期，但是从总体来看，“李宁”一直没有突破产品的增长上限，从营销的成果来看，一直停滞不前，其中的原因主要是由于体育产品的定位不清晰造成的。要想在全球市场与世界知名体育用

---

① 王军红．体育健康产业创新发展研究［M］．长春：吉林人民出版社，2020.

品中提升竞争力，体育产品就必须有一个清晰的市场定位，这是极为重要的。

（四）建立体育相关产品的企业联合同盟策略

对于一些跨国的大公司，常常会很强势地占领市场空间，这就造成了国际贸易代理中体育产品营销的障碍。由于我国目前的体育产品企业生产规模都比较小，而且管理分散，在科学研发产品之上技术力量又显得比较薄弱，所以产品就缺乏与大型国际公司抗衡的实力。对于很多的国内企业而言，要想在国际贸易中占取有利的条件，就需要未雨绸缪，从而达到提升体育产品的营销与竞争能力的目的。综合其他国家的成功经验，构建出口策略联盟的方法有很多，如建立上下游联合售后服务中心、设立联合发货仓库、成立海外零售分销策略联盟等。这样不仅可以持续优化配置各体育产品生产厂家的原有资源，而且可以让联盟中的各成员集中精力，专注于整个产品竞争链中自身最有优势的环节。这样一来，就可以更有力地开拓国际市场，在国际贸易中扩张企业本身的实力。

当然，除了这些方法之外，还可以采用数据挖掘技术，也就是利用现代高科技收集顾客的消费数据，采用数据挖掘技术得到顾客的简明信息。根据这些信息制定有效的国际营销计划，从而提高体育产品生产企业的营销效率，降低企业的营销成本，从而达到提高国际贸易代理中体育产品营销更加有针对性地展开的目的。

第十二章

全民健身时代体育场地设施建设发展

第一节　体育场地设施

一、体育场地设施的概念

体育场地设施既是人们参与体育运动最基本的物质基础，也是发展体育产业的重要载体。在专门的、适宜的体育场所进行体育运动既是生活质量提高的重要标志，也是健康、和谐生活方式的重要体现。

一般而言，体育场地设施就是用于开展各种体育活动的场所或空间，然而体育场地设施既不是我们所熟悉的体育场馆，也不是简单意义上的文化娱乐建筑，而是一种复合型的体育文化类建筑。

二、体育场地设施的分类

按照不同的分类标准，体育场地设施可以划分为不同类型。

（一）健康、闲暇、冒险型

以参与体育活动的目的为划分标准，可将体育场地设施分为健康型、闲暇型和冒险型。

随着医疗技术的发展与进步，人们的平均寿命延长了，高龄人口的数量有了明显增长，而高龄者闲暇活动的主要目的就是获得健康，因此健康型体育场地设施是以满足人们维持和恢复健康的需求而设的。这类设施所提供的体育服务往往与身体和精神健康有关，如社区的康体娱乐中心、温泉或山岳疗养院、健身俱乐部等设施。

休闲时间的增加使得人们更加关心时间的消费，即有效利用不断增加的休闲时间充实休闲生活的内容，达到自我发展的目的[①]。而闲暇型体育场地设施便是这一趋势的产物。能够满足上述"时间消费型生活"的体育设施包括：高尔夫球、保龄球俱乐部、开展各类职业运动的大型体育场馆、瑜伽健美操中心等。

现代社会的高度制度化与结构化，使人们必须在日常工作生活中长期扮演相似的角色或处于相对稳定的状态。而冒险型体育场地设施为人们提供了暂时摆脱固有状态，获得全新体验的机会。随着安全装备的完善，这类冒险型体育活动也得到越来越多人的追捧，这类体育活动的开展主要依托河流、山川、海洋等自然活动场地，再配以专业的设施装备，如广东德庆盘龙峡的皮划艇漂流、攀岩、舢板和滑水等。

（二）日常生活、广阔地域、集团度假村型

以体育经营项目为划分标准，可将体育场地设施划分为日常生活型、广阔地域型和集团度假村型。

20 世纪 90 年代，日本的"体育学"家们将体育项目分为"日常生活型""广阔地域型"，随后日本政府为了扩大内需，又提出了以"集团度假村型"为主的体育经营模式。后来，日本又开发了用于开展与日常生活紧密相连的体育项目的体育场地设施，即"日常生活型"，如用于散步的公园路径和钓鱼的池塘。在水上、山上、空中等自然环境下开展体育运动项目所需的场地设施则称为"广阔地域型"体育场地设施，如帆板、攀岩等。而"集团度假村型"的体育运动项目多与旅游行业结合得较为紧密。这一类型的体育设施又可被进一步划分为高山型（如滑雪场）、高原及丘陵型（如高尔夫球场）、临海型（如帆船、潜水）、公园型（体育会所）、复合型（以体育为主题的休闲度假村）。

（三）单项、综合性体育场地设施

以适用度为划分标准，可将体育场地设施划分为单项体育场地设施和综合性休闲体育场地设施。

只适用于一类或一个项目的设施属于单项体育场地设施，这类设施通

---

① 魏建军．现代体育产业发展理论与经营管理研究［M］．北京：地质出版社，2019.

常在名称上已标明其用途，如广州越秀山游泳场、深圳观澜湖高尔夫球会、上海国际赛车场。能适用于多个不同类运动项目的设施则属于综合性体育场地设施，这类设施的规模一般较大，且功能较全，如广东省东莞市南城体育公园就是一个特色的体育公园，园内可开展包括游泳、篮球、网球、羽毛球、健身等在内的多种休闲运动项目；广州麓湖乡村高尔夫球俱乐部，则可用于开展高尔夫球、游泳、网球、健身、瑜伽等休闲运动项目。

（四）公共、私营体育场地设施

以投资主体为划分标准，可将体育场地设施划分为公共体育场地设施和私营体育场地设施。

为公众参与体育活动提供服务的公益性体育设施属于公共体育场地设施，这类设施一般由中央政府和各级地方政府投资兴建；以营利为目的的经营性体育设施则属于私营体育场地设施，这类设施多为私人投资或合资开办。

公共体育场地设施多为中央或地方政府拥有，虽然这些设施是以公益性为目的，但也可以适当收取费用，开展经营活动，只是其经营活动和项目会受到一定程度的限制。早在2003年6月，国务院颁布的《公共文化体育设施条例》中就已做出了明确规定。与西方休闲产业发展相对较发达的国家不同，我国的体育设施以国有的公共体育设施为主，其数量占所有体育场馆总数的2/3还要多，特别是大型体育场馆基本上都是政府投资的，因为一般认为大型体育设施属于城市公共基础设施，其投资建设被视为政府的一项责任和义务。私营体育设施主要集中在中小型的体育场地设施中，而这类设施恰恰是体育产业发展的主力军，随着我国体育产业的兴起，目前我国的私营中小型体育场地设施的数量正在以惊人的速度递增。

三、体育场地设施在城市发展中的作用

（一）是城市发展的催化剂和推动力

体育场地设施是城市体育发展的重要载体，是参与国际竞争的入场

券。在城市发展过程中，要合理应用现代化体育的理念，发掘和利用体育的本体资源和衍生资源，塑造个性鲜明的城市，尤其是体育场地设施的建设，对于城市体育在经济、文化以及城市建设与环境有着明显的提高。高标准的体育场地设施是现代化城市的独特风景，一些重大体育赛事往往选择在这样的场地进行比赛。经有关数据研究发现，申办成功一次奥运会，可以使城市基础设施建设提前20年，而申办成功一次全国运动会，可以使城市的基础设施建设至少提前10年。成功申办或承办大型运动赛事，可以推动城市的发展。作为举办赛事的重要载体，体育场地设施建设能否成功促进城市发展决定城市体育发展的快慢，我们同样需要认真对待。这种成功不仅意味着成功竣工，更多的是它的筑成能够融为城市发展的一部分，而不是孤立存在城市之间，给城市发展带来隐患。

（二）推动城市经济的发展

众所周知，体育场地设施的建设需要消费大量的资金，但同时也给城市带来无限多的发展机会，在推动城市经济发展的过程中，体育场地以体育赛事方式带动城市外围经济的发展，以此来促进城市化进程。例如，城市旅游、商业、交通、电信、新闻交通、餐饮等相关服务业的发展，由于城市举办重大体育赛事，使数以亿计的人们到赛事举办地亲身体验体育运动和观赏体育竞赛，通过他们对城市周边服务业的消费取得城市经济的增长效果是明显的。

此外，体育场地由于自身特殊性也在某种程度上推动着城市经济的发展，如赛事的赞助、场地的冠名权和豪华包厢的开发等。其中，冠名权是大型体育赛事非常重要的无形资产，城市能举办大型体育赛事并不是一般场地可以承接的，必须通过城市的集体协作才能发挥场地的整体效益。正因此，城市已经逐渐将场地的冠名纳入赛后经营的一项重要收入渠道。豪华包厢是体育场地设施建设中逐渐增多的收入。由于豪华包厢是企业组织商业活动以及客户进行交流的理想场所，在一定程度上可以宣传企业形象，提升品牌价值，在经济迅猛发展的今天，企业对自身形象的要求促使它成为城市经济发展的引擎。

（三）提高城市文化内涵

当代中国正在进行着社会主义改革开放的宏伟事业，作为文化系统子系统的体育文化，已经具有先进文化的本质特征。同时，也引发城市思想意识与文化精神的深刻变革。文化以其强大的渗透力、凝聚力和影响力，成为城市发展强有力的支持和动力，城市的发展呼唤着城市文化建设，也演绎了体育场地设施的建设与城市化发展的密切联系。

根据马斯洛对需求进行划分，我们知道在衣食富足之后必然渴望对生活品质的追求。体育场地设施的建设满足居民精神文化需求表现在自我更高层次的需求，而场地设施的提供成为居民追求需求的有利场所；体育场地设施建设由于渗透出城市的人文魅力，显现城市的人文精神，吸引更多的资源到这样富有人文魅力的城市中发展，从而增强城市的竞争力。如国外欧洲足球俱乐部，美国冰球、篮球、橄榄球俱乐部通过购买俱乐部来提升城市形象，促进城市因此而带来的经济效益；巴塞罗那通过赛车比赛、ATP 网球巡回赛，提高城市知名度，成为“体育名城”；巴塞罗那的诺坎普体育场和曼彻斯特的老特拉福德体育场成为所在城市的形象，每当人们看到这些场地时，就会产生对这所城市历史的遐想。虽然提高城市文化并不能给城市带来直接经济效益，但对城市的后续发展起着极其重要的影响。

（四）改善城市交通与环境质量

任何一项建设的投资都希望对土地合理利用，绝大部分土地资源都经过人类的长期开发、改造和使用的过程，同时投入了大量的人类劳动，最终形成了各类成果。对于体育场地设施建设对土地的利用，自然综合了人类活动的成果，这种优越性的表现基本体现在建设后对城市的发展上。根据土地的特征，交通运输越便利，城市基础设施条件越好，面对不同用途的使用者必须遵循“最高租金原则”，即由愿意支付最高租金者使用。虽然使用者偏好交通便利、基础设施条件好的中心城区，但对于不同位置所付租金的不同，使用者会结合自身的现状进行选址①。所以，对于体育场地的建设更趋向偏离城市中心城区，在那里形成一条集城市中心资源的地带。在提高自身场地的建设需求的同时，无形中改善了城市周边的交通建

① 张斌．我国群众体育场地研究［M］．北京：现代出版社，2019.

设与环境质量，为当地环境提高了绿化面积，以及为当地居民提供了更多的便捷，而这种便捷使更多人愿意居住在这里，所以在城市建设过程中，这种先以人口聚集的形式首先推动其他聚集形式的发展，使其他形式的聚集成为可能，而改善交通和环境将是人口选择居住的首位条件。

（五）完善城市空间布局

由于目前我国筹建或正在建设的体育场地设施很多都在城市的郊区建设，在那里形成场地设施的集中地带，如南京奥体中心、广东奥林中心等。场地设施的建设调整了城市空间布局，使城市由单一中心的发展模式向多中心转变，在促进城市功能布局合理调整的同时，完善了城市空间布局。如广州天河在二十多年前还是一片农田，1987 年六运会在广州举行，天河体育中心在农田上拔地而起，随着以其为主体的一系列配套设施的建设，极大地推动了天河区的发展，使其成为当今广州的商务中心。九运会时分别在白云区苗圃地段和黄村新建的广州体育馆和广东奥林匹克中心形成了两个城市发展的中心，极大地拉开了广州市的城市建设布局，实现了广州城市东移建设发展的城市规划。根据北京奥运经济研究会的研究，2008 年奥运会场地设施建设对北京城市发展影响最大的在于对北京城市总体规划布局的改变，在城市利用赛事等的筹办促进城市各方面发展的过程中，完善、协调了城市的发展。奥林匹克公园的建设，使北京在市区北部、城市中轴线北端形成了一个集体育、文化、会展、休闲于一体的全新的城市功能区——奥林匹克公园中心区，并在市区形成新的以奥林匹克公园、中关村科技园区、CBD 商务中心区三大城市功能区为主的布局结构，这种城市布局改变了整个北京原有的城市布局，使北京城市中心从原以天安门为中心的地区北移至奥林匹克公园中心区、亚北地区由原来的城市边缘集团转换定位为城市中心区，这种改变对北京城市发展产生了革命性的影响。

（六）扩展城市空间，带动区域经济发展

城市旧区改造是城市空间扩展的方式，由于没有大的外力冲击和重大事件的影响，对旧城区的改造一直是困扰城市发展的一道难题，而场地设施的建设恰恰符合这样的条件。体育场地设施可以给旧城区改造注入新的活力，旧城区的居民为了国家的利益和所在城市的影响，也比较配合旧城区的改造工作。在这样的相互配合下，实现了所在区域的跨越式发展，从而促进了旧城区的改造，带动了区域经济的复苏。巴塞罗那就是借助奥运平台成功改造城市的典范，它把部分场地建设在贫民区，此举推动了贫民区的经济发展、城市建设和体育运动的普及。

（七）促进基础设施的建设，提高周边土地的价值

体育场地设施的建设必然要加大周边基础设施的建设，否则体育场地设施有可能会沦为城市美丽的花瓶。所以，政府在考虑场地设施建设的同时，必然要规划周边基础设施的建设与改造。因此，体育场地设施的建设可以加快其周边地区的基础设施建设，如道路、交通、水电、通信等设施。基础设施的建设不仅完善了周边生态环境，而且极大地促进了体育场地设施周边土地的价格，实现政府收益的最大化，同时带动周边房地产业的发展。如长沙体育新城在以前还是大片的农田、菜地和池塘，生态环境比较恶劣，经济落后，无任何市政设施，仅靠一条小路维系与外界的联系，但五城会场地设施的建设加快了该区域基础设施的建设，使这片土地成为国内众多地产开发商竞相争夺的“风水宝地”。据相关调查显示，广东奥林匹克体育场和广州体育馆的建设引起了周边地区土地的大幅度增值，房产价格上升了30%—50%。

（八）提高城市的知名度

在我国，体育场地设施的主要职能是举办重大体育赛事，但同时也是承办大型文体活动的场所，如大型赛事、演唱会等。由于大型赛事的规模和独特的宣传效益对社会影响巨大，许多媒体、记者连续报道，让更多的地区在短时间内获得场地所在城市的新闻而极大地提升城市的知名度。况且，新闻媒体不仅报道大型文体活动，而且对场地设施所在城市的经济、社会、历史、文化等进行全方位的报道，使其能够在较短的时间宣传全方位的信息，从而改变人们对场地设施所在城市的固有认识，提高其在国内外的知名度。如巴塞罗那通过奥运会对其产生的巨大“广告效应”，使其由世界上知名度不高的城市一跃成为国际著名旅游城市。

第二节 “十三五”期间我国城市体育场地设施建设

一、“十三五”期间我国城市体育场地设施发展与执行实效

2020 年，国务院办公厅印发《关于加强全民健身场地设施建设发展群众体育的意见》，要求“完善健身设施建设顶层设计，增加健身设施有效供给，补齐群众身边的健身设施短板”。由于我国是一个人口大国，尽管中央政府长期大力支持公共体育场地设施建设，但城市体育空间依然不足（以北京市为例，人均体育场地面积仅 2.45 平方米，大约是美国的 1/5），解决市民“健身去哪儿”的问题迫在眉睫。同时，社会现代化和经济发展会带动城市居民更加重视健康和体育活动，促使他们对体育场地的需求不断攀升，但城市建设过程中相关部门和开发商没有坚持体育场地的面积和配置标准，导致我国城市现有体育场地设施难以满足人民群众的实际需要①。所以城市如何创设体育空间，体育又如何润饰城市，是城市公共体育场地设施发展规划的重要课题。

基于我国城市体育场地设施发展的工作需要，本书采用质性研究方法，对北京、上海、天津和重庆（直辖市），杭州、武汉、太原和西安（省会城市），以及深圳、青岛（计划单列市）10 座城市政府部门公开发布的体育事业“十三五”发展规划、2016 年以来的年度体育工作总结（报告）、体育部门年度经费预算和决算报告、领导公开讲话等材料中报道的体育场地设施建设信息进行归纳总结，为我国各级体育政府部门编制和推进城市体育场地设施发展方案提供参考策略。

“十三五”期间我国城市政府部门在体育场地设施建设和供给上出实

① 魏德祥．中国体育场地发展特征研究［M］．北京：人民体育出版社，2019.

招，着力兑现“亲民、便民、惠民”的公共体育服务目标。

（一）体育建设用地得到保障

土地供应不足是制约我国公共体育场（馆）建设的主要因素，而且城市体育场地设施问题比农村还要严重，同时城市在不断发展，人口增加与土地资源紧缺的矛盾日益深化，所以改善城市公共体育服务质量的首要任务是保障体育建设用地。为此，“十三五”期间我国城市政府提出多项举措，包括将体育用地纳入全市建设用地规划和市政公园用地的范畴，并为体育场馆设施建设预留土地，而且深圳市政府支持利用政府储备用地建设临时健身场地。这些明确支持体育建设的用地政策，有效支持了公共体育场地、人均体育场地、足球场等发展目标的实现，因此“十三五”末期我国城市人均体育场地面积普遍超过发展目标，如表 12－1 所示。

表 12－1　“十三五”期间我国 10 座城市人均体育场地面积发展成效

单位：平方米

序号	城市	2015 年建成水平	“十三五”发展计划	完成情况	截至年份
1	北京	2.25	2.25	2.45	2019
2	上海	1.72	2.4	2.409	2020
3	天津	2.12	2.4	2.35	2020
4	重庆	1.37	1.7	1.75	2020
5	武汉	1.43	—	2.13	2019
6	杭州	1.65	2	2.1	2019
7	西安	1.32	2	2	2020
8	太原	1.48	1.6	1.84	2018
9	青岛	2.5	2.8	3.29	2020
10	深圳	1.271	1.93	基本完成	2019

（二）投入大笔资金支持

我国绝大部分体育场（馆）尤其是大型体育场（馆）主要由各级政府投资或筹集国有资本兴建，所以《全民健身实施计划（2016—2020 年）》要求“加大资金投入与保障，县级以上地方人民政府应当将全民健身工作相关经费纳入财政预算”，这意味着政府拨付的资金是“十三五”期间城市体育场地设施建设的关键经费来源。分析结果显示，我国城市“十三五”体育事业发展规划中普遍包含支持体育场地设施建设的经费预算，如杭州市计划投资5.5839亿元新建杭州市全民健身中心。综合而言，除了直接投资和利用体育彩票公益金支持体育场地设施建设，部分城市政府计划通过购买公共体育服务和发放体育场馆对外开放补贴的方式，提高了现有体育场所的公共服务能力，从而间接增加了体育活动空间。因此，“十三五”期间我国城市政府大力投资体育场地设施建设，既体现为大量新增的体育场所，也反映在体育部门的经费预算上，成为缓解我国城市体育活动场所不足的关键手段。

（三）出台助推发展政策文件

我国平均每万人拥有体育场地数量和人均体育场地面积远低于欧美发达国家水平，而加强全民健身场地设施建设、发展群众体育，是各级人民政府的重要公共服务职能，是贯彻全民健身国家战略、实施健康中国行动的必然要求。土地和经费保障夯实了我国城市体育场地设施发展的物质基础，而确保相关计划落地实施还需要相应的政策保障，所以“十三五”期间我国政府不仅提出明确的体育场地发展目标，还在财政政策、土地政策、城市发展政策和惠民政策方面规定支持方式，从而在软、硬两个维度上建立起推动体育场地设施建设的保障措施。在此基础上，部分政府将体育场地设施建设列入“民生实事”（杭州）、“市办实事”（上海）、“重点民生实事工程”（北京）等市政府督办的惠民项目，或利用承办、筹办大型体育赛事（如亚运会、全运会、省运会、军运会）的契机增建体育场地，取得了良好的实效，城市体育场地设施稳步增长。

（四）大力新建体育场地设施

我国城市公共体育场所严重不足，既影响了市民健身的积极性，还会造成争抢体育场地的社会问题。由于增加体育场所是我国政府面临的现实任务，所以“十三五”体育事业发展规划普遍强调新建体育场地设施。为了实现发展目标，政府部门一方面明确新增数量和要求创建市民体育生活圈，建立以目标引导的发展动力机制；另一方面提出旧房改造、公园配建体育设施和融绿工程等增建举措，促使体育场地设施新增计划落地变成实效。随着体育场地设施不断增加，“十三五”末期我国城市普遍建成“15分钟健身圈”，并且青岛市建成“8分钟健身圈”，如表12－2所示。市民参加体育活动的物质条件得到明显改善，有效缓解了“健身去哪儿”的问题。

表12－2　“十三五”期间我国10座城市“15分钟健身圈”建设成效

序号	城市	15分钟健身圈建设成效	统计年份
1	北京	基本形成	2019
2	上海	基本形成	2019
3	天津	基本形成	2020
4	重庆	基本形成	2020
5	武汉	已经实现	2019
6	杭州	基本形成	2019
7	西安	基本形成	2020
8	太原	初步形成	2020
9	青岛	建成8分钟健身圈	2018
10	深圳	已经实现	2019

（五）积极向外扩充体育活动空间

城市化引起公共体育资源挤压，在市区体育用地有限和依托市内资源增加体育场地设施的困难较大的情况下，“十三五”期间我国政府重视发挥外部空间的公共体育服务功能，主要采取两项举措：一是通过体育旅游和户外运动引导部分市民去市外场所活动，利用郊区、农村、山野等地理条件缓解城市负担公共体育服务的压力，所以不少城市政府提出发展登山、滑雪、漂流、露营等项目的计划。二是积极在公园、广场、会堂等非体育专业场所推广可以开展的运动项目（如武术、广场舞、健身操等），在某段时间内向这些非体育场所投注体育意义，发挥它们的体育服务功能，有效缓解专业体育场地设施不足造成的困境。结果显示，体育旅游、户外运动场所和青少年校外体育活动中心得益于中央政府对体育旅游、户外运动产业、体教融合的积极支持，取得超规划发展的成效，不过需要进一步加强激活非体育专业场所的公共体育服务功能。可见“十三五”期间外部场所成为改善城市公共体育服务质量的有效补充，而市民参加体育活动无须局限于市内或专业体育场所。

（六）着力盘活闲置体育场所

我国体育场馆数量严重不足与长期闲置并存，据不完全统计，我国公共体育场馆的开放度仅为44%，利用率不足30%。所以“十三五”期间我国政府鼓励改造、升级、完善和恢复现有体育场馆的功能，优化体育场馆布局和创新体育场馆运营模式，同时利用马拉松等新兴体育活动的引导作用，着力发挥被占用和闲置体育场所的服务功能。现有闲置体育场所是改善城市公共体育服务能力的优质资源，相较于新建和外扩，通过挖潜、盘活和提高利用率等手段，将存量变成用量，可以更加快速地改善市民体育活动条件。再加上政府购买公共体育服务、体育场馆对外低价或免费开放补贴等政策的助推作用，减轻了体育场馆对外开放的经济负担，从而有效提高了城市体育场所的利用率，所以“十三五”末期我国不少城市基本实现了体育场馆的100%对外开放。不过，分析结果显示，由于盘活闲置和被挪用体育场所的实效不足，所以90%的政府没有报告相关工作成效。

二、“十三五”期间我国城市体育场地设施发展不足

（一）中心城区发展规划不足

“十三五”期间中心城区体育场地设施不足是我国城市公共体育服务面临的突出问题，造成中心城区存在“健身圈”弱覆盖，甚至无覆盖的现象，但城市“十三五”体育事业发展规划中没有明确提出中心城区体育场地设施发展目标，通常采用“进一步完善市、区、街道（乡镇）、居委会（村）四级体育设施网络”等笼统表述。受土地资源紧缺等因素的影响，“十三五”期间我国城市中心城区体育场地设施建设相对较少，如《武汉市体育设施空间布局规划（2016—2030）》显示，武昌区等6个中心城区将修建9座体育场馆（均为区级体育设施），仅占全市计划增建数量的27.3%，而中心城区的人口密度接近全市平均水平的10倍，人均体育场地

面积大约只有全市平均水平的50%。由于缺乏统筹规划的指导作用，“十三五”期间我国城市中心城区体育场地设施发展成效受到影响，体育场地布局失衡和中心城区公共体育服务压力较大的问题未能得到有效缓解。

（二）PPP模式运作不成熟

PPP模式被视作我国体育场（馆）建设的一个重要发展方向，甚至被视为新建体育场馆的主流模式，但“十三五”期间我国城市体育场地设施建设仍以财政经费支出为主，未能充分重视PPP模式的重要性，只有北京、深圳等少数城市提出利用PPP模式建设体育场地设施。由于PPP模式较多关注政府投资大型体育场馆设施时的财务风险分担，对参与其中的企业和社会资本的投资收益关注较少，未能有效激发企业或社会资本投资城市体育场地设施的积极性。分析结果显示，“十三五”期间我国政府建设体育场地设施时对PPP模式的运用尚处于探索阶段，只有上海、天津等少数城市取得了一些成功经验（例如，上海仲益体育场馆有限公司旗下的“体汇+”品牌自2019年以来依托PPP模式建成多个体育场馆）。鉴于《全民健身计划（2021—2025年）》提出“完善多元投入机制”，PPP模式将逐渐成为推进我国体育场地设施发展的重要手段，所以亟须总结实践经验，为后续工作提供参考策略。

（三）住宅小区场地设施发展目标不明确

住宅小区配套建设体育场地设施得到了住房和城乡建设部、国家体育总局、自然资源部等中央部门的重视，但只有少数城市在“十三五”体育事业发展规划中提出住宅小区配套建设体育设施，且相关表述比较笼统（例如，“确保新建住宅小区配建全民健身设施与住宅建设同步实施、同步验收、同步交付使用”）①。由于没有明确规定住宅小区配套建设体育场地设施的目标（如数量、功能、面积、类型、容纳能力等），同时住宅小区配套建设体育场地设施面临用地性质、运营政策、安全责任等问题，受城市用地成本、开发商投资收益、市民购房观念等因素的影响，“十三五”期间我国政府均未报告住宅小区体育场地设施发展情况，住宅小区支持市

---

① 钟敬秋．区域体育产业发展评价与优化战略［M］．北京：中国水利水电出版社，2020.

民日常锻炼的价值未能体现出来。

（四）缺乏智能化发展规划

科技改变生活，也改变人们的体育活动方式。得益于移动互联网、物联网等科技的进步，体育场馆设施建设逐渐融入科技力量，旨在为人们提供更高水平的体育服务。分析结果显示，2018 年以来，我国城市广泛出现楼宇健身房、24 小时球场、共享球场、智慧健身馆等智能体育场所，并且这一趋势得到了《关于加强全民健身场地设施建设发展群众体育的意见》等政策的支持。尽管智能体育场馆在“十三五”期间出现，但只有北京市和上海市在“十三五”体育事业发展规划中提出了“开发智能化健身场所”，所以不少城市出现的智能体育场馆属于“超规”建设，缺乏对发展智能体育场馆的考虑和设计。

（五）户外场地设施发展规划不完善

2016 年以来，中央政府颁发多项支持户外运动发展的政策，受此影响，“十三五”期间全国各地积极建设户外自行车骑行道、健身步道、攀岩墙、漂流河道、滑雪场、拓展基地等户外运动场地。当前我国社会经济高速发展，带动大众户外休闲生活需要快速增长，导致多地出现“十三五”体育事业发展规划中关于户外运动场所的设计落后于建设实效的现象（如西安市在秦岭地区开发的定向越野和水上运动场所在“十三五”规划中没有提及），还出现了执行成效不足的问题（如杭州市规划在千岛湖修建国家级登山健身步道 500 公里，截至 2019 年只完成 412 公里）。由此可见，虽然“十三五”规划关注了户外运动在我国城市的兴起，但没有充分考虑户外运动场所的发展趋势（如类型、数量、布局等），造成了供给侧与需求侧的关系失衡，同时也表明我国政府需要重视户外运动场所发展规划，着力提供符合时代需求的户外运动场地设施，满足市民日益增长的户外运动参与需要。

（六）盘活现有资源的路径有限

研究发现，“十三五”体育事业发展规划中设计了两条盘活闲置和被挪用体育场地设施的路径：依据国家体育总局、财政部颁发的《关于推进大型体育场馆免费低收费开放的通知》（2014 年）、《大型体育场馆免费低收费开放补助资金管理办法》（2014 年）和《体育总局办公厅关于做好 2018 年大型体育场馆免费或低收费开放工作有关事宜的通知》（2018 年）等政策，通过财政补贴和政府购买公共体育服务，促进公共体育场馆和学校体育场馆对外免费或低收费开放；改造被占用或闲置体育场馆设施，恢复它们的公共体育服务功能。可能由于相关政策没有明确体育场馆盘活的对象或功能失效，没有制定体育场馆盘活目标，所以基于社会经济效益方面的考虑，盘活被占或闲置体育场所的成效不足，10 座城市中仅重庆市报告了 2018 年启动大田湾体育场改造工作，而且部分城市没有总结体育场馆的对外开放情况。我国城市体育场馆闲置或被占用，既是社会发展造成的结果，也存在历史原因，还可能涉及经济问题，所以除了采用经济刺激和改造利用的手段，还需根据实际情况采取针对性措施。

第三节　全民健身时代体育场地设施发展策略与趋势

一、全民健身时代我国城市体育场地设施发展策略

（一）体育用地和经费支持向中心城区倾斜

“十三五”期间我国政府主要在郊区和农村新建体育场地设施，提高了城市体育场地总面积，但对提升人口较为密集的中心城区公共体育服务能力的贡献有限，所以要重视改善中心城区居民的体育活动条件，努力增加中心城区体育场地设施的数量和质量。首先，城市发展规划中应将中心城区旧城改造腾退土地的一部分用于配建体育场地设施，具体比例可根据中心城区体育用地需求、城市规模和发展水平、旧城改造数量等实际情况进行测算；其次，引导中心城区经营不善的厂房、楼房、农贸市场等改造成体育场所，并纳入政府购买公共体育服务范畴，给予用电、用水、税收等方面的政策支持；最后，提出社区配建体育场地设施的面积和项目指

标，支持它们利用“金边银角”建造小型多功能体育场所（如在社区公园配建健身步道、将适宜条件的屋顶改造成体育场所），以及推进公益性社区健身超市建设，逐步实现市民日常健身不出社区的愿景。

（二）推进城市公共体育服务市场化

实践表明，单纯依靠政府投资修建体育场地设施的弊端明显，后续工作要优化方案设计，吸纳企业和社会资本参与体育场地建设时不能以分担经营风险为目的，在大型体育场馆运营中应用 PPP 模式需要考虑利益分配、风险分担和政府监管，争取实现双赢，从而推动依托 PPP 模式驱动的城市公共体育服务市场化。首先，“十四五”期间可以设置社会资金投资城市公共体育场地设施的经费目标（如公共体育场地设施发展经费总额的10%由社会投资），促使市政府积极融资；其次，支持企业投资体育场地设施作为申请免税退税的依据，并出台相应政策以明确申请免税退税的投资金额或投资/利润比率（如可以将年度投资公共体育场馆的出资额不低于1000万元作为申请退税的最低标准）；最后，参照其他行业（如造船、出租车油改电）的经验，制定社会资金建设体育场地设施的财政补贴标准（如政府配套补贴经费占总投资的20%，待体育场馆建成开放后以现金形式一次性发放，且场馆正常开放经营20年后，相关权益全部归属投资方），并提高对 PPP 模式建设的体育场馆免费或低收费开放的财政补贴力度。

（三）明确小区场地设施发展目标

市民日常可用于体育活动的时间有限，如果往返体育场所的时间过长，就会损害他们的锻炼积极性，所以要加强小区体育场地设施建设，将小区打造成市民日常锻炼的主要地方。首先，明确新、旧小区体育场地设施配套建设标准，鼓励建设符合市民使用特点的篮球场、足球场、笼式多功能球场、健身步道、游泳池、小操场、乒乓球室、健身房等场地设施，避免出现室内高尔夫练习馆等华而不实的形象工程。其次，设置居民小区体育场地面积发展指标，人均体育场地面积应不低于全市平均水平，发挥目标导向作用，促使我国城市小区居民体育生活条件得到不断优化。最后，客观面对新、旧小区土地和空间使用的条件差异，制定区别对待和逐步落实的政策，改善市民就近锻炼条件的同时不损害其他方面的利益。例如，新建小区可以配套规划建设专门的社区多功能体育馆，而老旧小区应主要发展健身步道、骑行道、全民健身路径、乒乓球室、屋顶球场等。此外，为了防止相关规划无法落实到位，各级城市政府应出台配套支持政策，提出强制发展条款保证我国城市小区体育场地设施发展取得显著成效。

（四）重视智能化建设

随着具备“智能”或“智慧”功能的体育场馆信息出现在我国城市政府年度体育工作总结报告中，表明采用信息化管理手段挖掘体育场馆的服务潜能间接增加了城市体育场所服务能力的工作，开始得到城市政府的重视和支持。得益于5G网络建设的不断推进，将进一步优化智能体育场馆发展的技术基础，所以我国城市体育场馆智能化建设应该得到重视，确保城市大中型体育场馆普遍实现在线搜索和预订功能，避免体育场馆被动闲置。首先，制定智能体育场馆设施建设的数量和质量目标，发挥明确的导向作用。其次，根据当地发展情况，做好新增智能体育场馆设施建设任务（建什么）、布局（在哪些区域建）、功能（建成什么样）、进程（建设的时间节点）等方面的规划。最后，规范智能体育场馆设施的核心指标（如可以实时查询和预订体育场地、在线缴费和会籍注册、监控训练质量等），确保建设成果能够提高公共体育服务质量①。此外，为了支持智能体育场馆设施建设和开放，城市政府在相关政策中应提出给予专项补贴，以激发投资主体的积极性。

（五）推进户外场地设施建设

“十三五”期间，马拉松、骑行、徒步等成为我国城市居民体育活动的热点项目，显示了户外运动承载市民体育参与需要的优势，并促使各市政府积极建设健身步道、户外运动休闲区、户外运动公园等场所，不仅改善了大众健身条件，缓解了室内体育场地设施不足的矛盾，还能助力体育产业发展，所以重视户外运动场地设施建设是大势所趋。一方面，要提出

---

① 苗苗．社会发展新常态下体育产业发展研究［M］．北京：中国原子能出版社，2019.

城市健身步道发展规划，根据各地的地理条件，利用城市公园、山林和水域，打造丰富的健身步道系统，并推进城郊户外运动公园建设，支持中心城区居民便利地参加户外运动；另一方面，通过经费补贴、消费需求培养（如青少年培训、广告宣传、业余体育赛事引导）和专项政策支持，鼓励发展室内户外运动场馆（如攀岩、滑雪、潜水馆等），弥补城市室外运动场地的不足。同时借鉴体育人口发展目标的激励作用，设置户外运动人口发展目标，促使更多市民参加户外运动，从而产生杠杆作用，进一步带动户外运动场地设施发展。

（六）盘活城市闲置体育场馆

"十三五"规划主要从"补贴""改造"和"增用"等方面设计路径，但是盘活城市现有体育场所不仅需要改善其使用功能，更要明确闲置原因，重视优化体育场所供给侧与需求侧的联动关系，使体育场所真正发挥服务市民的作用，继而增强闲置体育场所盘活利用的原动力①。综合而言，可以制定体育场所与非体育场所动态转换机制，鼓励位于体育场所不足区域的非体育场馆与闲置体育场馆进行置换。例如，位于中心城区经营不善的冷储仓库可以通过场地置换搬迁到闲置体育场馆，原场所通过适当改造成为综合性体育馆，既减轻企业经营负担，又发挥闲置体育场馆的价值，还可改善中心城区居民的体育活动条件。同时，人们日常需要工作、学习、生活、休闲，体育场所可根据人们的体育参与时间特征分时段开放，这样可以节省运营成本和提高利用率。例如，晚上、周末、节假日应该是体育场馆对外开放的主要时段，而工作日使用体育场馆的人较少，可以举办职工运动会等业余体育比赛和健身教练员培训等活动，主动导入人流量，提高体育场所的使用效率。

二、全民健身时代体育场地设施的发展趋势

（一）体育场地设施功能多样化

全民健身时代，体育场地设施功能多样化，呈现出"运动—公园—旅

① 季文．我国体育产业发展战略研究［M］．哈尔滨：哈尔滨地图出版社，2019.

游休闲—办公”一体化趋势。

目前，越来越多的经济较发达国家和地区的体育场地的管理遵循了“运动—公园—旅游休闲—办公”一体化的理念。例如，澳大利亚各级政府就充分利用优越的自然条件，把运动、旅游和休闲结合起来，通过举办众多的国际比赛，吸引大量游客来观光旅游，并积极鼓励本地居民参与各类体育活动，为各类体育和商业机构提供了办公场所，甚至还吸引其他国家的运动员到澳大利亚训练，从而促进了旅游业和休闲健身娱乐业的全面发展，坐落在墨尔本市南部的“墨尔本体育与水上运动中心”便是当中的佼佼者。体育设施的这种一体化发展，不仅改善了设施的内外部环境，而且使体育与旅游、休闲、办公更加紧密地结合在一起，既提高了土地和公共设施的利用率，又能满足不同人群的需要。因此，这种一体化的体育场馆设施，将是今后体育场地设施建设发展的主要趋势。

（二）“以人为本”的经营思想

以社区为中心进行体育场地设施的建设，突出了“以人为本”的人性化经营管理思想。

随着城市化进程的加快以及人们居住观念的更新，现代人已经改变了以单位、亲缘关系等共同居住的地域模式，而更趋向社区化。这一趋势使得社区的概念为越来越多的人所接受，社区的产生也反映出人们对健康、休闲、娱乐等新生活观念的追求。根据有关管理机构的预测，今后的社会地域机体将会由各种企业、学校、商贸区、政府机构和各种特色居民小区共同构成。因此，基于这种情况下，社区体育也就应运而生。要想围绕社区开展各种各样的体育活动，社区体育设施的设计、建设与管理就显得十分重要，这将在今后一段时间内成为社会发展体育场馆设施的主要方向。

目前，在经济相对较发达地区的一些大中城市中，社区体育场地设施的建设与管理已获得了越来越多的关注。一方面，房产开发商经常以完备的体育设施作为竞标和进行市场推广的手段，如在社区内建游泳池、网球场，甚至是高尔夫球场等；另一方面，随着人们对体育运动认识的加深，社区人群所参与的体育活动也呈现出明显的年龄、职业、文化水平的差异。如何根据这些差异来修建体育设施已经成为社区的建设者、居民和管理当局十分关心的一个重要问题。在国外体育发达国家，由于社区体育发展较早，他们已经形成了一些较为成熟的建设管理经验。国外的社区体育设施无论在建设设计中，还是在管理服务中，都考虑到不同类型体育人群的体育需求，并一贯秉承了人人都有权利欣赏体育、参与体育、分享体育的理念。例如，日本作为人口老龄化的国家，在125亿人口中，17%为65岁以上的老年人，再加上全国共有500多万残疾人，因此日本政府和社会十分重视老年人和残疾人体育机会的创造与维持。目前，各大城市都由政府出资建立了众多的老年人、伤残人体育服务中心，如日本的大阪市就建有2个专门为残疾人和老年人设计的规模较大的体育中心，其中“长居伤残人体育中心”就十分具有代表性。

（三）“专业化”和“细微化”管理

体育场地设施的经营管理更为“专业化”和“细微化”。

目前，许多体育设施均为大型的、有特色的、以营利为目的的私人场馆设施，如德国的勒沃库森拜尔俱乐部、中国深圳的观澜湖高尔夫球会等休闲体育设施，均是以营利为目的的，其管理体现出“专业化”“系统化”思想。从这些场馆设施的经营来看，他们同经营企业一样建立有不同的管理及经营机构，如策划部、督办部、营销部、培训部、预算部等，拥有各个方面的专业化人才，如既有体育专业人士，又有经济、文化、美术、管理、法律、广告等专业人才。各部门各司其职，相互协调，在发挥出其最大作用的同时，获得了最大的利润。而体育场地设施的“细微化”管理思想，又是“专业化”思想的内涵延伸。所谓“细微化”思想，是指在对体育场馆的管理中细微的方面都能引起管理部门的重视，如为了方便观众和使用者在大型活动期间的相互联系避免迷失，有些设想周到的设施会设有出租临时呼叫机业务，专设伤残人订、售票窗口，设入场导引员等。美国的富兰克林体育场的一些管理规定就能体现出管理“细微化”的思想。例如，不允许将模拟噪音发生器、酒精饮料带入该体育场；出租临时呼叫机；专设使用轮椅的伤残人入口处；设伤残人专用停车场等。

参考文献

[1] 李良明. 全民健身规划与管理 [M]. 重庆：重庆出版社，2019.

[2] 赵新世. 全民健身体系及其实现路径研究 [M]. 北京：中国水利水电出版社，2019.

[3] 白震，袁书立，张华岳. 体育产业发展：新的机遇与挑战 [M]. 长春：吉林人民出版社，2021.

[4] 徐金庆. 体育产业市场建设及其竞争力研究 [M]. 北京：中国书籍出版社，2020.

[5] 苗苗. 社会发展新常态下体育产业发展研究 [M]. 北京：中国原子能出版社，2019.

[6] 张成龙，芦军志，刘雷. 体育赛事组织与管理 [M]. 哈尔滨：哈尔滨工业大学出版社，2022.

[7] 徐永峰. 健康中国视阈下我国群众体育组织研究 [M]. 北京：中国商务出版社，2020.

[8] 田宝山，田熵甲. 体育社会组织创新发展路径研究 [M]. 北京：中国水利水电出版社，2019.

[9] 梁然. 社会体育活动组织与健身路径管理研究 [M]. 北京：中国水利水电出版社，2019.

[10] 宫彩燕. 全民健身体系研究 [M]. 长春：吉林人民出版社，2020.

[11] 徐金庆，高洪杰. 全民健身的实用路径及保障体系构建 [M]. 北京：中国书籍出版社，2021.

[12] 毛丰. 全民健身背景下的体育基础知识与健康教育 [M]. 北京: 中国纺织出版社, 2020.

[13] 史小强. 全民健身公共服务绩效模型构建与实证研究 [M]. 北京: 中国社会科学出版社, 2020.

[14] 陆阿明, 陆勤芳. 科学健身 [M]. 苏州: 苏州大学出版社, 2020.

[15] 杨韩雪. 体育健身理论与实践研究 [M]. 北京: 原子能出版社, 2021.

[16] 汪流. 社区市民健身团体及其体育志研究 [M]. 北京: 人民体育出版社, 2021.

[17] 秦尉富. 城市化背景下农村体育的多维分析与发展研究 [M]. 北京: 新华出版社, 2018.

[18] 王军红. 体育健康产业创新发展研究 [M]. 长春: 吉林人民出版社, 2020.

[19] 谢用民. 传统体育文化与产业发展研究 [M]. 北京: 中国财富出版社, 2020.

[20] 陈博. 多元视角下体育产业的融合发展研究 [M]. 北京: 中国经济出版社, 2020.

[21] 吴宝升. 我国体育产业治理研究 [M]. 北京: 人民体育出版社, 2020.

[22] 韩开成. 体育管理学 [M]. 重庆: 重庆大学出版社, 2019.

[23] 许赛赛. 体育产业经营管理理论研究与实践探索 [M]. 北京: 中国经济出版社, 2020.

[24] 陈美红. 我国体育旅游产业发展之路研究 [M]. 北京: 中国书籍出版社, 2020.

[25] 薛林峰. 产业融合驱动体育旅游产业高质量转型发展研究 [M]. 北京: 人民体育出版社, 2019.

[26] 余丙炎. 体育健康产业创新发展研究 [M]. 北京: 九州出版社, 2019.

［27］王红岩．部分国家和地区体育彩票政策研究［M］．长春：东北师范大学出版社，2018.

［28］刘忠良．体育产业发展理论探究［M］．北京：新华出版社，2019.

［29］张虎祥．体育文化与全民健身［M］．北京：九州出版社，2018.

［30］白震，王幸新，杨莉．当代体育产业多元化发展研究［M］．长春：吉林人民出版社，2021.

［31］游战澜．体育营销案例分析［M］．武汉：华中科技大学出版社，2018.

［32］韩开成．体育管理学［M］．重庆：重庆大学出版社，2019.

［33］李崇飞．中国体育产业发展研究［M］．武汉：武汉大学出版社，2016.

［34］王军红．体育健康产业创新发展研究［M］．长春：吉林人民出版社，2020.

［35］魏建军．现代体育产业发展理论与经营管理研究［M］．北京：地质出版社，2019.

［36］张斌．我国群众体育场地研究［M］．北京：现代出版社，2019.

［37］魏德样．中国体育场地发展特征研究［M］．北京：人民体育出版社，2019.

［38］钟敬秋．区域体育产业发展评价与优化战略［M］．北京：中国水利水电出版社，2020.

［39］季文．我国体育产业发展战略研究［M］．哈尔滨：哈尔滨地图出版社，2019.